字源の謎を解く

北嶋廣敏

イースト新書Q
Q044

はじめに

漢字の発明者は目を4つもっていた

私たち日本人が使っている漢字は、古い時代に中国で生まれた文字である。漢字はどのようにして誕生したのだろうか。

伝説によれば、神話上の帝王である黄帝《こうてい》に仕えていた蒼頡《そうけつ》という名の人物が発明したとされている。後漢の王充《おうじゅう》の著書『論衡《ろんこう》』によれば、蒼頡は目を4つもっていたという。明の時代の図説百科事典『三才図会《さんさいずえ》』に蒼頡の肖像画が掲載されているが、その肖像画でも4つ目になっている。鼻の左右に上下2つ目が描かれており、ちょっと不気味に見える。

あるとき蒼頡は地面についている鳥や獣の足跡を目にした。その足跡の模様から、それを残したのがどんな動物であるかがだいたいわかる。足跡にその動物の特徴が表れているからである。そのことに気づいた蒼頡は、ものごとの特徴をとらえて絵に描けば、人にそれが何であるかを伝えることができることに思い至り、ものごとを表す文字のアイデアを得て、創作したという。蒼頡が文字を作り出したとき、「天が粟《あわ》を降らせ、鬼が夜半に哭《な》いた」と『淮南子《えなんじ》』にある。

これが伝説による漢字誕生の経緯である。蒼頡は鳥や獣の足跡をじっくり観察して文字を考案した。彼のその優れた観察眼から、4つの目をもっているとイメージされるようになったのだろう。

漢字の原形、甲骨文字

蒼頡の話はいわゆる伝説であり、それを事実として受け容れるには難がある。漢字の成立に関しては具体的なことは何ひとつわかっていない。

今から3600～3700年前から約600年間、中国の黄河中流域に殷《いん》という王朝が存在していた。この王朝で紀元前1300年前後から甲骨文字と呼ばれている文字が使われていた。甲骨文字は中国における最古の文字とされており、現在われわれが使っている漢字の原形である。

殷王朝では亀の甲羅や牛などの動物の骨を用いて占いが行なわれていた。亀の甲羅は腹側の甲羅が使われ、牛の骨では主に肩甲骨《けんこうこつ》が使われた。それらに熱を加えると、ひび割れが生じる。そのひびの形によって占ったのである。そして占った後、どんなことを占ったかなどを、占いに用いた甲羅や骨に記した。甲羅や骨は硬い。そこで鋭利な刃物《ナイフ》で刻みつけて記した。亀甲・獣骨に記された文字なので、これを「甲骨文字」と呼んでおり、甲骨に刻まれた文字であることから「契文《けいぶん》」（契は刻む意味）ともいう。

甲骨文字が使われていたのは殷王朝の後半期であった。その甲骨文字が発見され、その存在が知られるようになったのは今から100年ほど前のことである。3000年あまりのあいだ甲骨文字は歴史に埋もれていたのである。甲骨文（甲骨に記された文章）に用いられている文字数は4500〜5000字といわれている。

金文・篆書・隷書・楷書

古代中国で使われていた文字には甲骨文字のほかに、「金文《きんぶん》」と呼ばれているものがある。殷代の末期から次の周代にかけて製造された青銅器には、銘文が鋳込《いこ》まれている。金属器に記された文字であることから、これを金文と呼んでおり、その製作年代によって、殷金文、西周金文、東周金文などという。

金文に用いられている文字は約4000字が知られている。甲骨文字が直線や細かい線によるものが多いのに対し、甲骨文字より少し後に使われることになる金文では柔らかな曲線的な字形が多く見られる。

紀元前221年、天下を統一した秦《しん》の始皇帝は文字の改革を行なう。当時、文字の書体が国によってまちまちであった。秦国では周の宣王のときの太史（書記官）であった籀《ちゅう》という人物が作ったとされる書体が用いられていた。それを「籀文《ちゅうぶん》」「籀書《ちゅうしょ》」といい、あるいは「大篆《だいてん》」とも呼ばれている。

この籀文は字画が複雑で、書くのには不便であった。そこで始皇帝が丞相の李斯《りし》に命じ、新しい書体を作らせた。その書体は籀文（大篆）を簡略化したものなので、「小篆《しょうてん》」と呼ばれており、また「篆書」ともいう。ちなみに小篆・篆書は現在でも印鑑（会社印や個人の実印）などに使われている。

新しい書体の小篆・篆書にも欠点があった。この書体は曲線が多くて装飾的で、書くにはまだ不便な点があった。次の漢代になると、小篆（篆書）を簡略化した「隷書《れいしょ》」が用いられるようになり、そして漢代の末期、隷書から「楷書《かいしょ》」が作られた。楷書は一点一画を正確に書く書体で、現在われわれが一般に用いている書体である。

「海よ、僕らの使ふ文字では、お前の中に母がゐる」

「海」という漢字をよく見ると、そのなかに「母」がいる。フランス語では「母」は「mère=メール」といい、「海」は「mer=メール」というので、フランス語では、漢字とは逆に、「母」のなかに「海」があることになる。詩人の三好達治はそのことを「郷愁」という詩のなかで、「海よ、僕らの使ふ文字では、お前の中に母がゐる。そして母よ、佛蘭西人の言葉では、あなたの中に海がある」とうたっている。

「海」のなかに、なぜ「母」がいるのか。そんなことを思ったことはないだろうか。「毒」という字のなかにも「母」がいる。それはどうしてなのか。「海」と「母」、「毒」と「母」はどんな関係があるのか。

「道」という字に注目すると、この字のなかには「首」があり、「風」という字をよく見ると、そのなかに「虫」がいる。不思議に思えないだろうか。道は人や車などが通行する場所である。その場所を表すのに、古代の中国人は「首」の字を用いた。なぜ「首」なのか。

憂鬱の「鬱」はたいへん複雑な字形をしており、読むことはできても、書くのはむずかしい。「鬱」は画数が29もあるが、この字はどうしてこんな複雑な形をしているのか。

「血」という字は「皿」と字の形がよく似ており、「鳥」は「島」と似ている。また天井・

カツ丼などの「丼」は、井戸の「井」と字形がたいへん似ている。なぜ似ているのか。たんなる偶然なのか。それとも似ているのには理由があるのか。

うつくしいことを意味する「美」の字は、「羊《ひつじ》」と「大」からできており、日ぐれを意味する「暮」の字は、「日」（＝太陽）を２つ含んでいる。なぜ「羊」なのか、なぜ太陽が２つもあるのか。

本書は漢字の字源（成り立ち）について記したものである。私たちは日常生活において絶えず漢字と接している。漢字を使って文章を書き、本や新聞などを通して漢字を目にしているが、たとえば「海」の字を前にして、どうして「海」の字のなかに「母」がいるのかといったことにはなかなか思い至らない。それはふだんは何気なく漢字と接しているからである。

漢字をじっくりながめてみる。いろんな視点からよく見つめてみる。そうすると漢字によっては、「なぜそう書くのか」「どうしてそういう意味になるのか」という疑問が、謎が生まれてくる。本書では、１７２字の漢字について、それぞれ謎を仕立てて、その謎解きを試みてみた。最初にあげた「海」「毒」「鬱」「血」「丼」「美」「暮」などの漢字における謎のその答えは、本文のなかにある。

漢字が誕生したのははるか昔のことである。もっとも古い字形の甲骨文字は今から3000年以上も前に生まれており、それぞれの漢字がどのようにしてできたのかはよくわからない。たとえば「うみ」をなぜ「海」と書くようになったのか。どのような考えで「海」の字が作られたのか。それはその字を作った人でないかぎりわからない。本当のところは誰にもわからない。現代人の私たちには、こうやってできたのではないかと推測することしかできない。だからさまざまな解釈、さまざまな字源説が生まれることになる。

漢和辞典や字源辞典にのっている字源の解釈は、必ずしも同じではない。異なっていることが少なくない。字源については、推測しかできないからである。辞典にのっている字源の解釈は、あくまでその辞典の著者の解釈である。辞典にのっているからといって、その解釈が正しいとはいえない。本書では、いちいち明記はしていないが、多くの漢字について漢字研究の第一人者、白川静氏の字源説をもとに謎解きをしている。白川静氏の説を使わせてもらったのは、筆者の私にとっては白川氏の説がもっとも説得力があるからである。

字源の謎を解く●目次

第1章

「寒」の下部の2つの点は何なのか

ア行～カ行

01 ［愛］

○アイ
●いつくしむ、めでる

その「心」はどんな心情なのか

「愛」という字は、「いつくしむ」「めでる」「大切に思う」などの意味に用いられている。もともとはどういうことを表した字だったのだろうか。

「愛」の字は古い字形では、「旡」と「心」と「夂」からできていた。

「旡」は単独ではほとんど用いられることはなく、「既」という字にこの字が使われている。「旡」の字の字源については、人が後ろを振り返っているさまをかたどった字と解されている。「夂」は「夏」や「変」などの字にも使われているが、この字は人の足跡をかたどったもので、「歩く」ことを意味する。「心」は心臓の形をかたどった象形文字で、「こころ」を意味する。

「旡」と「夂」と「心」から成る「愛」は、「心が何かにひきずられ、後ろを振り向きながら歩く」ことを表していた。立ち去ろうとしても後ろに心がひかれてしまう。その心情を表したのが「愛」の字であり、そこから「いつくしむ」という意味になった。

02

「案」

○アン
●かんがえる、しらべる

なぜ「安」＋「木」なのか

「案」は「安」と「木」からできている。「安」と「木」は甲骨文・金文に見えるが、「案」はいずれにも見えない。

「安」は「やすらか」「おだやか」なことを意味する。安心・安静・安泰・安住などの「安」はすべてその意味である。それに「木」を加えた「案」には、「考える」「調べる」などの意味がある。どうしてそのような意味になるのか。

「案」の字では、「安」が「案」の音を表しているが、音だけではなく意味も表している。「安」はふつう「やすらか」の意味に用いられているが、「安」には「置く」「すえる」という意味もあり、「案」の字ではそれを意味していると考えられている。

「安」と「木」から成る「案」は、ものを置く木、すなわち木製の台という意味で、もとは食卓や机のことであった。机の上で考えたり、調べたりするので、「案」は「考える」「調べる」、そしてまた「文書の下書き」「計画」などの意味に用いられるようになった。

03

［為］

○イ
●おこなう

どうして「おこなう」ことを意味するのか

「為」は「おこなう」ことを意味し、行為・為政・人為などの熟語を構成している。この字にはどうして「おこなう」という意味があるのか。そもそも何を表している字なのか。

「為」の字のなかには、ある動物がいる。字面からはその動物はなかなかわからないかもしれないが、それは象《ぞう》である。「象」という字は、動物の象の形をかたどった象形文字である。現在、中国には象はいないが、古い時代には生息していたようである。紀元前1300年～紀元前1000年ころに使われていた最古の文字（甲骨文字）に、象を捕獲することができるかどうかを占った文章が見える。

また甲骨文字には「為」という字も登場している。「為」は旧字では「爲」と書いたが、それは象の鼻を手でつかんでいるさまを表している。古代の中国人は象を捕獲し、土木工事や宮殿などの建設で、材木などを運搬させていたようである。象の鼻をつかんで、象を使役する。そこから「為」は「おこなう」という意味になった。

04 ［胃］

○イ
●い、いぶくろ

なぜ「田」＋「月」なのか

食道と小腸のあいだにあって、食べたものを一時たくわえて消化する器官を「胃」という。この消化器官は袋状なので「胃袋」ともいう。

「胃」は「田」と「月」からできている。胃は見方によると月《つき》のような形をしている。田んぼの水に月が映る。それが胃袋の形に似ているというので「田」と「月」から「胃」の字が作られた——というのはウソ。町・男・界・略・畔の「田」はいずれも「田んぼ」の意味だが、「胃」の「田」は「田んぼ」の意味ではなく、「月」はそれに浮かんでいる月《つき》のことではない。「胃」の「田」は胃の象形文字である。古い字形（篆文）では、胃袋のなかに食べたものがたまっている形に書かれており、「」となっている。それが現在、一般に使われている楷書体では「田」になった。

「胃」の下部の「月」は、肉体を表す「にくづき」。食べ物がたまった袋状のもの＝「田」に、肉体を意味する「月」を加え、胃（胃袋）を表したわけである。

05

「飲」

○イン
●のむ

「食」は「たべる」ことなのに、「飲」はなぜ「のむ」なのか

「飲」という字は、水や酒などの液体を口から取り込むことを意味する。ところが「飲」を構成している「食」は、食器の象形文字で、「たべる」ことを意味する。それなのに「食」と「欠」（この字は人が口を開いて立つ姿を横から見た形の象形文字）から成る「飲」は、なぜ「たべる」ではなく、「のむ」ことを意味するのか。

「歙《いん》」という字があり、「のむ」ことを意味する。その「歙」は「㱃」と「欠」から成り、「㱃」の「今」は壺形の器や瓶の蓋《ふた》の形の象形文字である。「いま」という意味に用いられているが、もともとは「蓋」を意味していた。

「酉」は酒樽の形の象形文字で、「今」と「酉」から成る「㱃」は、蓋をした酒樽を表している。その酒樽のなかのものを人がのんでいることを表したのが「歙」である。

「食」という字は「のむ」ことではなく、「たべる」ことを意味するが、「歙」はのちに「飲」と書かれるようになり、「飲」は「のむ」ことを意味することになった。

06

「烏」

○ウ、オ
●からす

なぜ「烏」の字と「鳥」の字とよく似ているのか

一般にカラスと呼ばれているのは、嘴《くちばし》が細めのハシボソガラスと、嘴が太いハシブトガラスである。市街地で生ゴミなどをあさっているのは嘴が太いカラスである。

カラスは全身が真っ黒である。「からす」という名は、「くろし（黒し）」が転じたものとする説と、鳴き声によるとする説がある。

漢字ではカラスは「烏」と書く。「烏」の字と形がたいへんよく似ているので、文庫本のような小さな字で印刷されていると、「烏」と誤読しかねない。「烏」はなぜ「鳥」とよく似ているのか。違いは上半部の1本の横線の有無だけだが、「鳥」にはあるその横線は目を表している。カラスは全身が真っ黒で、目の部分も黒いので、目が見分けづらい。そこで「鳥」から目に相当する横線を省いて「烏」と書いたのだろうと考えられている。

なおカラスを意味する漢字には「鴉」という字もある。「烏」と「牙」から成るこの字は、「あ」「が」と音読みするが、「鴉」は「牙」がカアと鳴くカラスの鳴き声を表している。

07

「鬱」

○ウツ
●しげる、ふさがる

なぜこんなに複雑な形をしているのか

「ユウウツな天気だ」「ユウウツな気分になる」など、「ユウウツ」（憂鬱）という言葉をよく使っている。だがその「ウツ」の漢字の「鬱」はたいへん複雑な形をしており、書くのがむずかしい。「鬱」はそもそも何を表した字なのか。

「鬱」を分解すると、「林」と「缶」と「冖」と「鬯」と「彡」になる。「林」は2本の柱を表していると考えられている。「缶」は酒や水などを入れる器（壺）、「冖」は容器の蓋《ふた》、「鬯」は黒黍《くろきび》に鬱金草《うつこんそう》を加えて醸《かも》した香酒《においざけ》、「彡」はその酒の香りが漂っていることを表している。

2本の柱のあいだに、黒黍に鬱金草を加えて醸した香酒の入った酒壺を置き、それに蓋をすると、やがて芳香を発するようになる。それを表したのが「鬱」という字である。

香酒のその香りがあたりに立ち込める。そこから「さかん」「しげる」という意味に用いられ、さかんに集まることから、「こもる」「ふさがる」などの意味ももつようになった。

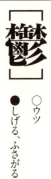

08

［雲］

○ウン
●くも

「雨」の下の「云」は何なのか

雲は、雨や雪をもたらす。雲から雨が降ってくる。だから「雲」の字が「雨」の字を含んでいるのは納得がいく。では「雲」の下部の「云」は何なのか。

「云」は単独では「いう」という意味に用いられており、引用文や後の文章を省略するときに、「云」を重ねて「云々《うんぬん》」として用いられている。だが「云」はもともとは「いう」ことを意味する字ではなかった。「云」は本来は雲を表した字であった。「云」の古い字形（甲骨文字）では「」と書かれているが、その字源については、雲が巻いて天にのぼっているさまを表しているという説がある。竜は雲を呼び雨を降らせることができるといわれている。「云」のその古い字形は、雲の下に竜が尾をのぞかせているさまを表しているという説もある。

「云」は本来は「くも」を意味していた。ところが「いう」という意味に用いられるようになったため、「云」に「雨」を加えて、「くも」を意味する「雲」の字が作られた。

09

「円」

○エン
●まるい

どうして「圓」は「円」と略されたのか

「円」の字には「まるい」という意味があり、わが国の貨幣の単位でもある。その「円」のもとの字は「圓」と書く。「円」は「圓」を略したものである。

「圓」の「員」は丸型の鼎《かなえ》（ものを煮《に》炊《た》きするのに用いた青銅器）の象形文字で、口の部分がまるいことから、「員」は「まるい」ことを意味したが、「かず」の意味に使われるようになったため、「員」に丸い囲み（○→口）をつけ、「まるい」ことを意味する「圓」の字が作られた。

その「圓」のなかの「員」がわが国では平安時代のころから「|」（1本の縦線）と略され、「⎅」「⎅」などと書かれるようになった。「口」のなかに「員」の字を書くのは面倒である。それが略字化の理由の1つと思われるが、さらに書き方が変化する。

「⎅」の下の横線の「一」がだんだんと上にあがっていく。したがってなかの縦線がだんだん短くなり、そして今日の「円」という字になった。

10 ［宛］

○エン
●まげる、あてる

なぜ「あてる」ことを意味するのか

宛字《あてじ》・宛先《あてさき》・宛名《あてな》などの「宛」の字は、「あて」「あてる」という意味に用いられている。だが「宛」にはもともとそういう意味はなかった。

「宛」は「宀」と「夗」からできている。「宀」は屋根の形をかたどったもので、「宛」の字では「宀」は一説に先祖の霊をまつる廟《びょう》を意味しており、「夗」は人が坐っている姿をかたどったもので、祖先の霊を拝している形だという。そこで「宛」は、「身をかがめて坐る」「まげる」といった意味になった。それが「宛」の本来の意味で、まがりくねるさまをいう「宛転《えんてん》」、伸び縮みするさまを意味する「宛宛《えんえん》」などの熟語がある。

「充」という字があり、この字には「あてる」という意味がある。その「充」の草書体が「宛」の字と似ていたことから、わが国では中世以降、混用してしまい、「宛」を「あてる」という意味に用いるようになった。「宛」を「あてる」意味で使っているのは日本だけの用法である。

11 【王】

○オウ
●きみ、おおきみ

なぜこの字が「王様」を意味するのか

後漢の許慎《きょしん》が書いた『説文解字』に、「王」の字源について、「三本の横線に対し、その中心を連ねたのを王とした。三は天・地・人であり、これを交え通貫させたのが王である」とある。それは前漢の儒学者である董仲舒《とうちゅうじょ》の説によるということだが、「王」の字が、天上・地下そして人間の世界を貫いて、支配する者を意味するというのは間違いである。

許慎や董仲舒は中国における最古の文字である甲骨文字や金文を知ることができなかった。『説文解字』は主に篆文をもとにしており、篆文では「王」の字は、現在の楷書の「王」の字に近い形をしているが、甲骨文字では楷書の「王」とはかなり違った字形であった。

甲骨文字では「」あるいは「」のように書かれていた。それは何の形なのか。その字については、大きな鉞《まさかり》の頭部の刃の形と考えられている。古代中国では鉞が王がもつ権力や、王位の象徴とされていたようである。そこから「王」は国土を支配する「君主」、国の「統治者」の意味になった。

12

［央］

○オウ
●まんなか、なかば

そもそも何を表した字なのか

「央」の字はふだんは単独ではほとんど用いられないが、「中央」という熟語でよく使われている。「中」は「まんなか」「なか」を意味するが、「央」も「中」と同じように、「まんなか」「なかば」を意味する。では「央」の字にはどうしてそんな意味があるのか。「央」はそもそも何を表したものなのか。漢和辞典で「央」を引いてみると、この字は「大」の部首のところに置かれている。部首の「大」は両手両足を広げた人の形だが、「央」の字をよく見ると、そのなかに「大」の字がある。それは人（人間）を表している。「央」の字のなかの人は、いったいどんな状態にあるのか。「央」の古い字形（甲骨文字）では、人の首のあたりに枷《かせ》（刑罰の道具）を加えた形に書かれている。「央」は首枷をつけられた人を正面から見た形である。首枷は手や足ではなく、体のまんなかに近い首に加えられる刑罰であることから、「央」は「まんなか」の意味になった。

13

［海］

○カイ
●うみ

なぜこの字のなかに「母」がいるのか

「海」の字は、「氵」（さんずい）と「毎」から成る。その「毎」の「毋」は「母」の略字である。「母」の2つの「、」（点）は乳房を表しているのだが、略字の「毋」ではそのことがわからなくなっている。

「海」の右側の「毎」は、髪に飾り（簪《かんざし》）をつけた女性（母）の姿をかたどった象形文字である。それがどうして「うみ」を意味する「海」の字に使われているのか。

「海」は「かい」と発音する。その音を「毎」が受けもっている。「毎」は「まい」と発音するが、「海」の字では「かい」に変わり、「晦《かい》」に通じ、「暗い」ことを表している。古い時代の中国の人々、なかでも内陸部に暮らす人々の多くは海を知らなかった。だから最古の文字である甲骨文字には「海」の字がない。古代の中国人にとっては海はよくわからない世界、暗黒の世界であった。そこで「海」の字では「毎」は「かい」という音を表すとともに、「暗い」ことを意味する字として使われている。

14 「外」

○ガイ、ゲ
●そと、ほか

この字はなぜ「そと」を意味するのか

外国・海外などの「外」の字は、「そと」「よそ」を意味する。この字はどうしてそうしたことを意味するのだろうか。「外」はもともとは占いと関係のある字である。「外」は「夕」と「卜」の2つの字から成る。その「卜」は「ぼく」と発音し、「占う」ことを意味する。古代中国では牛の骨や亀の甲羅を用いて、占うことが行なわれていた。牛骨や亀甲に縦長の深い溝《みぞ》をつくり、その傍に丸く浅い窪《くぼ》みをつくる。そして窪みの部分に熱を加える。するとひび割れが生じ、その形によって占った。「卜」はひび割れの形をかたどった字であり、だから「占う」ことを意味する。

占いでは亀の甲羅は、背中側のものではなく、腹側のものが使われた。「外」の左側の「夕」については、肉を表しているという説がある。この説によれば、「外」は亀甲で占うために、その肉を甲羅からはずすことを表しており、はずすところから、「そと」「ほか」という意味になった。

15

「滑」

○カツ、コツ
●すべる、なめらか

「水」と「骨」で、なぜ「すべる」意味になるのか

中国の北宋時代に王安石《おうあんせき》という政治家で文学者がいた。彼は漢字の研究家でもあったが、あるとき文学者の蘇東坡《そとうば》（蘇軾《そしょく》）に「『波』とは水の皮である」と語った。すると蘇東坡が「それでは『滑』は水の骨なのか」とからかったという話が伝わっている。

「滑」の字を分解すると、「氵」と「骨」になる。「氵」（さんずい）は水を意味する。したがって「滑」は「水」と「骨」から成り立っており、「すべる」ことを意味するが、「水」と「骨」で、どうしてそうした意味になるのか。

「骨」の上の「冎」は、人間の頭から胸にかけての骨の形を表したもので、下の「月」は肉の形である。したがって「骨」はもともとは肉づきの骨を表した字であった。

骨の表面はなめらかである。水に濡れると、さらになめらかになり、すべるようになる。それを表したのが、「水」＋「骨」＝「滑」である。

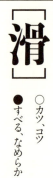

16
[看]

○カン
●みる、みまもる

どのように「みる」のか

「見」「視」「診」「観」「監」「覧」など、「みる」ことを意味する漢字は多い。ここで取りあげる「看」もその1つである。

「看」の字は、「看病」や「看護」「看護士」などの熟語によって、よく用いられている。この字は「みる」ことを意味し、病人の世話をすることを「看病」、病人や老人などの手当や世話をすることを「看護」という。

「看病」や「看護」などの言葉から、「看」という字はもともと病気や病人に関係した字ではないかと思っている人もいるかもしれないが、病気・病人とは関係ない。

「看」は「手」と「目」から成る字である。「目」の上に「手」がある。それは目の上に手をかざしていることを表している。手をかざしているのは、遠くを見るためであり、しげしげと見るためである。たんに見るのではなく、手をかざして、よく見る。それが「看」の本来の意味であり、転じて「見守る」「見張る」「世話をする」などの意味になった。

17 「寒」

○カン
●さむい

下の2つの点は何を表しているのか

「さむい」ことを意味する「寒」の字は、もっとも古い甲骨文字には見えないが、その次に古い金文にはすでに見えている。「寒」の下部に注目すると、点が2つ並んだ「ミ」がある。それはいったい何を表したものなのか。

「寒」の古い字形である金文では、「寒」の字は「宀」（うかんむり）の下に「艸《くさ》」が2つ、そしてそのなかに「人」が描かれ、一番下に「二」が置かれている。その「二」は数字の2ではなく、敷物を表していると考えられている。

家のなかで艸《くさ》（＝草）、すなわち枯草や藁などを集め、そして敷物を敷き、外の冷気から身を守っている。それによって金文では「さむい」という意味を表したのである。

それが篆文では「二」が「仌」になっている。「仌」は氷を意味している。氷を置くことで、氷が張るほどの「さむさ」を表しているわけである。「寒」の旧字は「寒」で、その「冫」は「仌」の省略形である。「寒」は新字体では「寒」となった。

18

「閑」

○カン
●ひま、しずか

「門」と「木」で、なぜ「ひま」を意味するのか

「閑」という漢字があり、「ひま」「しずか」という意味に用いられており、ひまな職務のことを「閑職《かんしょく》」といい、何もすることがなく、いたずらに日を送ることを「閑居《かんきょ》」という。「閑人《かんじん》」といえば、ひまのある人のことだが、「閑人」と書いて、「ひまじん」とも読む。

「閑」は「門」と「木」から成る。「門」は門（両開きの扉）の象形文字であり、「木」は木の象形文字である。「閑」の字では「門」のあいだに「木」があるが、それは門に木を置いて出入りをふさぎとめていることを表している。だから「閑」は、もともとは「ふせぐ」ことを意味していた。邪悪をふせぐことを意味する「閑邪」という熟語があるが、その「閑」はその意味である。

では「閑」はなぜ「ひま」という意味になったのか。それは「閑《かん》」が「間《かん》」に通じ、「間」がもっている「ひま」「しずか」などの意味から、「ひま」「しずか」といった意味に用いられるようになったのである。

19 ［漢］

○カン
●おとこ、から

なぜ「男性」や「中国」の意味をもつのか

痴漢・熱血漢・悪漢などの「漢」は「男性」を意味する。「漢」には「中国」の意味もあり、漢字・漢方などの「漢」は「中国」の意味である。「漢」の字にはどうしてそうした意味があるのか。

「漢」はもともとは現在の陝西省《せんせいしょう》南部に源を発する川の名であり、その流域の地は「漢」と呼ばれた。紀元前206年、劉邦《りゅうほう》が秦《しん》をほろぼし、その川の流域（＝漢）の王すなわち「漢王」となった。ついで項羽《こうう》をほろぼし、長安（現・西安）の地に都を定めて皇位につき、国号を「漢」と定めた。その後、漢王朝は400年ほど続くことになり、「漢」は「中国」そのものの代名詞としても用いられるようになった。

4〜5世紀のころから、男子を「漢子」と呼ぶようになったという。「漢子」はもともとは外国民族が中国人を呼んだ言葉だったそうだが、男子の意味に用いられるようになった。そこから「漢」は男性という意味をもつようになったようである。

20 「監」

○カン
●みる、かがみ

その「皿」は何を表しているのか

漢字の「皿」は浅くて平たい皿の形をかたどった象形文字である。監督・監視などの「監」はその皿の字を含んでいる。「監」は「見る」「見張る」ことを意味するが、そのことと「皿」とはどんな関係があるのか。

「監」は「臣」と「人」と「皿」から成る字である。「臣」は、臣下・家臣など、主君に仕える者の意味に用いられているが、この字は目を見張っている形の象形文字であり、「監」の字では「臣」は目を見張っていることを意味している。「監」は人が目を見張って皿を見つめている形で、その皿は水を入れた水盤と考えられている。ではなぜ皿（水盤）を見ているのか。それは水盤に自分の姿を映すためである。水盤を水鏡《みずかがみ》にして、姿を映しているわけである。そこで「監」は「かがみ」の意味となり、また「見る」という意味になった。「監」と「金」からなる「鑑」という字があり、「かんがみる」という意味に用いられているが、「鑑」はもともとは金属製の監《かがみ》の意味である。

21 「丸」

○ガン
●まる

その「丶」（点）は何なのか

「まるい」ことを意味する「丸」という字があり、球状に練った薬を「丸薬」、男性の股間の金玉を「睾丸」という。「丸」はわが国では人名や船名に用いられているが、それは「麿《まろ》」からきている。「まろ」が転じて「まる」（丸）になった。

「丸」は「まるい」ことを意味するが、この漢字そのものはけっしてまるい形はしていない。この「丸」の字はいったいどこからきたものだろうか。それに「丸」の「丶」（点）はいったい何を表したものなのか。

甲骨文字に、弓の弦のまんなかあたりに「○」（丸）をつけた字がある。それは「」のような字なのだが、それが「丸」のもともとの字だと考えられている。

その甲骨文字の「丸」の字の「○」は、まるいたま（弾丸）を表しているようである。まるい弾《たま》を弦につけ、弦を弾いてそれをはじき飛ばす。甲骨文字の「○」はそのことを表しているという。そのまるい弾から、「丸」は「まるい」ことを意味するようになった。

22

「元」

○ガン、ゲン
●はじめ、もと

なぜこの字が「はじめ」を意味するのか

元祖《がんそ》・元日《がんじつ》・元来《がんらい》などの熟語を構成している「元」の字は、「はじめ」「最初」を意味する。ではこの字にはどうしてそうした意味があるのか。

「元」は漢和辞典では、「儿」（にんにょう）の部に入っている。部首の「儿」は、人の立っている姿を横から見た形をかたどった「人」の変形で、人を表す。ちなみに「にんにょう」とは「人《にん》の繞《にょう》」という意味である。「儿」は漢字の下の部分（＝すなわち足の部分）に用いられることから、部首名を「ひとあし」ともいう。

「元」は古い字形（甲骨文、金文）では「」のように書かれており、人の頭の部分に線を引いて、頭部を強調している。すなわち「元」はもともとは頭の意味で、頭は人体のもっとも高いところにあることから、「はじめ」「もと」という意味に用いられるようになった。「元」には元気《げんき》・元号《げんごう》など「げん」という音もある。「がん」は呉音読み、「げん」は漢音読みである。

23
「企」

○キ
●くわだてる

なぜ「止」の字から成るのか

企画・企図などの「企」には、「くわだてる」「たくらむ」という意味がある。ひそかに何かをしようと計画する。そうした意味をもつのに、「企」にはどうして「やめる」「よす」という意味をもっている「止」の字が使われているのか。

「企」の上部の「𠆢」は、部首名では「ひとやね」といい、「人」が変形したもの。「止」は足跡の形をかたどった象形文字で、足に力を入れて強く足跡をつけることから、「とどまる」「やめる」という意味になった。

「人」と「止」から成る「企」は、人が踵《かかと》を上げ、爪先立ちしていることを表した字である。人はいったいどんなときに爪先立ちをしたりするか。遠くを見るときなどに、そうしたことをよくする。爪先立ちして遠くを望む。そんな姿勢をするときには、何かを思い立っているときである。すなわち何かを「くわだてている」ときである。そこで「企」は「くわだてる」という意味になった。

24 「危」

○キ
●あぶない

何ゆえに「あぶない」のか

「あぶない」こと、「あやうい」ことを意味する「危」という漢字があり、危険・危害などの熟語によって、ふだんよく用いられている。この「危」の字は、なぜ「あぶない」のか。

「危」の「厂」は「がけ（崖）」の形をかたどったものである。その上のカタカナの「ク」に似た部分は「人」がひざまずいている形である。すなわち「危」の「⺈」は切り立った崖の上にひとがひざまずいている（ひざまずいて下を見ている、あるいはひざまずいてあぶながっている）ことを表しており、「あぶない」ことを意味することになる。

もともと「⺈」だけで「あぶない」ことを意味していたそれにさらに「㔾」が加えられ、「危」の字ができた。「㔾」も人がひざまずいている形であり、「危」は「厂」（崖）の上と下に、ひざまずいている人がいることになる。「⺈」だけで「あぶない」ことを意味するのに、なぜ「㔾」を加えたのか。それについては諸説あるが、一説に「あぶない」意味を強めるためだという。

25
「気」

○キ、ケ
●ガス、いき

この字のなかの「メ」は何なのか

「気」はいろんな意味をもった字で、空気・電気・気分・気品・平気・気象など、多くの熟語を構成している。その「気」の字のなかに、カタカナの「メ」に似た字がある。「しめる」ことを意味する「〆《しめ》」の字にも似ているが、「気」のなかの「メ」はいったい何なのか。

「気」はもともとは「氣」と書いていた。それが略されて「気」となった。したがって「気」のなかの「メ」は「米」の省略形ということになる。


ではどうして「米」なのか。「気」には「ガス」「いき（呼吸）」「こころもち」などの意味があるが、なぜ「米」の字が使われているのだろうか。

「気」（氣）の字では、「气」が「気」の「き」という音を表している。その「气」は一説に水蒸気が立ちのぼるさまをかたどったもので、「气」と「米」から成る「氣」（気）は、米を炊くときにでる湯気（蒸気）を表したものだという。だから「米」の字を含んでいるわけである。

26 ［貴］

○キ
●とうとい

この字が「とうとい」ことを意味するわけとは

「とうとい」ことを意味する「貴」という字があり、貴族・貴重・貴賤などの熟語を構成している。

「貴」のもとの字の上部は、左右の手でものをもつ形であり、「貴」は貝を両手で捧げもっていることを表している。その貝は子安貝《こやすがい》と考えられている。南方の海でとれる子安貝は古代の中国ではたいへん貴重なものとされ、貨幣としても用いられた。貝を両手で捧げもっていることを表している「貴」の字は、すなわち貴重なものを取り扱っていることを示しているわけで、だから「貴」は「とうとい」という意味に用いられることになる。

その「貴」に「辶」（しんにゅう）を加えると「遺」という字になる。「遺」には「うしなう」「のこす」という意味があるが、「遺」はもともとは貴重な貝を捧げもって人に送ることを意味していた。送れば、送ったほうは「うしなう」ことになり、送られたほうにとっては自分に「のこされたもの」となる。そこで「うしなう」「のこす」という意味になった。

27

［義］

○ギ

●ただしい、よし

なぜ「羊」＋「我」なのか

その昔、中国では神や祖先をまつる際、犠牲《いけにえ》として羊がよく用いられた。「義」という字は「羊」と「我」から成るが、その「羊」は犠牲の羊とする説がある。

「我」はのこぎりの形をかたどったもの。今はもっぱら「われ」（一人称）の意味に用いられているが、それは「我《が》」の音と、一人称を意味する「が」の音が似ていることから、一人称に「我」を当てたことによる。

神や祖先に供える羊は生きたままではなく、のこぎりで解体して供えた。それを表したのが「羊」と「我」から成る「義」の字である。

一説によると、羊の体を2つに切り離し、体の中身が見えるようにして供えたという。どうしてそんなことをしたかといえば、羊の体のすべてにおいて欠点がなく、完全であることを示すためであったという。神や祖先に供えたその羊は犠牲として完全であり、正しいものである。そこから「義」は「ただしい」「よし」という意味になった。

28
「疑」

○ギ
●うたがう、まどう

この字はどうして「うたがう」ことを意味するのか

疑問・容疑などの「疑」は「うたがう」ことを意味する。どうしてこの字はそうしたことを意味するのだろうか。

「疑」のもっとも古い字形（甲骨文字）では、人が片方の手に棒状のものをもって立ち、後ろを向いている形に書かれている。その棒状のものは杖《つえ》のようである。杖をつき、後ろを向く人。その人物は立ち止まって、進もうか退《しりぞ》こうか決めかねていることを表していると考えられている。そこから「うたがう」という意味になった。

「疑」の左側の「𠤕」が、杖をついて後ろを向く人を表しており、「𠤕」だけで「うたがう」ことを意味していたが、のちに「𠤕」に「𤴔」が加えられた。その「𤴔」の「疋」は膝から下の足の形をかたどったもので、上部のカタカナの「マ」に似た字については「子」の変形という説があり、この説によれば「疑」は子どもが足を止めどちらに行ったらよいか迷っていることを表しており、「うたがう」「まどう」という意味になった。

29

「逆」

○ギャク、ゲキ
●さからう、さかさま

どうして「さかさま」という意味になるのか

「逆」の字には、「さかさま」「方向や順序が反対」「そむく」などの意味があり、反対の方向へ進むことを「逆行」、反対になる（ひっくりかえる）ことを「逆転」という。「逆」はどうして「さかさま」を意味するのだろうか。

「逆」の字のなかには、じつはさかさまになっているものがある。「逆」をじっくり見ても、そのさかさまになっているものはなかなか見えてこないかもしれない。「逆」の「屰」がそれである。「大」の字は、両手両足を広げた人の姿をかたどった象形文字で、古い字形では「」のように書いていた。その「」をさかさまにした「」が楷書では「屰」となった。

「辶」（しんにゅう）は、道を行くこと、足で移動することを意味する。「辶」と「屰」から成る「逆」は、「」を反対向きに書くことで、人が道を反対向きに進んでくることを表しており、「さかさま」「反対」「そむく」などの意味に用いられることになる。

30 ［久］

○キュウ、ク
●ひさしい

「久」の「ク」は人。その人の正体は

長い時間がたっていることを意味する「ひさしい」という言葉（形容詞）があり、漢字では「久」の字を用い、「久しい」と書く。

この「久」の字を見て、あなたは死んだ人をイメージすることができるだろうか。「久」は一説に、人の死体を後ろから木で支えていることを表しているという。「人」という字は人の横向きの姿をかたどったもので、古い字形では「」のように書かれている。一方、「久」の古い字形では「」となっていて、「人」が後ろに倒れ、脚のあたりに棒線がついている。その「人」は死体を、棒線は木で支えていることを表しているという。

死体を入れる箱を「ひつぎ」といい、漢字では「柩」と書く、古くは「匛」とも書いていた。それらの字に「久」の字が含まれているが、右の説によれば、「匛」「柩」は死体をひつぎにおさめることを表している。古代中国の人々は、死後の世界は永遠と考えていたという。そこで死体を表した「久」は、「ひさしい」という意味になった。

31

「泣」

○キュウ
●なく

立って涙を流してなくので「氵」＋「立」＝「泣」？

悲しみや苦しみ、あるいは喜びのために、こらえきれずに、声をあげ、涙を流したりする。そうした行為を「なく」といい、漢字では「泣」と書く。この「泣」の字はよく使われている漢字だが、「泣」のなかに「立」の字が含まれていることを意識しているだろうか。

「泣」の字を構成している「立」は、手足を広げて立つ人を正面から見た形（その象形文字が「大」）と、「一」（指示記号の横線）から成り、「一」はその人が立っている位置を表しており、「立」は「たつ」ことを意味する。

では「泣」になぜ「立」の字が使われているのか。立って涙＝「氵」（さんずい）を流してなくので「泣」の字ができたのか。

「丸くて小さなかたまり」を意味する「粒」という字がある。「泣」の「立」は「粒」の省略形という説がある。この説によれば、「氵」（＝水）と「立」から成る「泣」は涙の粒を表しており、「なく」ことを意味することになる。

32
［急］

○キュウ
●いそぐ、すみやか

なぜ「いそぐ」ことを意味するのか

「急」は急用・緊急・急行・急激などの熟語によって、ふだんよく使われている字である。「急」の字は「いそぐ」「はやい」ことを意味するが、この字のどこからそうした意味が生まれているのだろうか。

「急」は「きゅう」と発音するが、同じく「きゅう」と発音する字に「及」がある。「急」は「及」と深い関係をもつ字である。「及」の字は、「人」と「又」から成り、「又」は手の形である。「及」の古い字形（甲骨文字）では、人の後ろに手を加えた形に書かれている。それは前を行く人に後ろからきた人が追いついて手をあてていることを表している。そこから「及」は「追いつく」「届く」「およぶ」という意味になった。

「急」のもとの字は「及」と「心」から成る「㤂」である。すなわち「急」の「刍」は「及」の変形である。前の人を追い、追いつこうとする。そのきぜわしい心、せく心を表したのが「急」の字であり、「いそぐ」「すみやか」などの意味になった。

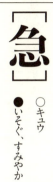

33

「鳩」

○キュウ、ク
●はと

なぜ「九の鳥」なのか

鳥のハトは飛ぶのが速《はや》い。そこで「速鳥《はやとり》」が転じて「はと」という名になったという説がある。またハタハタと羽音をたてて飛ぶところから、「はと」（「と」は鳥《とり》の略）になったという説もある。

ハトは漢字では「鳩」と書く。その「鳩」の字の偏を成している「九」は、数字の「9」の意味に用いられている。どうしてハトが「九」なのか。

中国最古の詩集である『詩経《しきょう》』（春秋時代中期までの詩を収録）のなかの「鳲鳩《しきゅう》」という詩に、「鳲鳩は桑《そう》に在《あ》り、其《そ》の子は七つ」という詩句がある。この詩をもとにして、北宋時代の政治家で文学者の王安石《おうあんせき》が、「7羽の子と両親で9羽になる。だから『鳩』は『九』である」と述べたという話が伝わっている。王安石は「鳩」の「九」を数字の「9」と解したわけだが、その「九」は数字の「9」ではない。ハトは「ククク…」といった鳴き方をする。「鳩」の「九」はハトの鳴き声を表したものである。

34 「狂」

○キョウ
●くるう

なぜ「王」の字が使われているのか

「くるう」ことを意味する「狂」は、「犭」（けものへん）と「王」から成る。どうして「王」なのか。王様が犭《けもの》（動物）のように正常でなくなってしまう。「狂」という字は、もともとそうしたさまを表したものだったのだろうか。

「王」は大きな鉞《まさかり》の頭部の刃の形をかたどった象形文字で、鉞は王様のシンボルであったことから、「王」は「王様」「君主」の意味になった（22ページ参照）。

「狂」の古い字形（甲骨文字）では、「王」の上に何かが乗っている形に書かれている。その何かは足とされている。

王様のシンボルである鉞の刃には、強い霊力があると信じられていて、王様の命令で遠くへ行くとき、使者は鉞の刃に足を乗せ、その霊力を身につけ、出かけたそうである。

「狂」の字は、そのことを表しているとの説がある。鉞の刃に足を乗せ、その霊力によって異常な力を与えられ、動物のように異常になる。それを表したのが「狂」の字だという。

35

「胸」

○キョウ
●むね

なぜ不吉な「凶」の字を含んでいるのか

凶作・凶悪などの熟語を成している「凶」の字は、運や性質や作物の出来が「わるい」ことを意味する。「胸」という字をよく見ると、そのなかに「凶」の字がある。ふだんはそのことはほとんど意識することはないが、「わるい」ことを意味する「凶」の字が、どうして「胸」のなかにあるのか。

「凶」の字は胸に文身《ぶんしん》（入れ墨）を描いたさまをかたどった象形文字と考えられている。「凵」が胸部を正面から見た形で、「メ」は入れ墨の模様である。ではなぜ胸に入れ墨をしたのか。古代中国では人が死んだとき、死体に悪い霊が入りこまないように、胸に「×」形の入れ墨をした。それを表したのが「凶」の字で、死は縁起の悪いこと、不吉なことなので、「凶」は「わるい」という意味になり、「凶」に人の全身を横から見た形の「勹」を加え、「むね」を意味する「匈」の字がつくられた。そしてその「匈」に人体を意味する「月」（にくづき）が付加され、「胸」の字ができた。

36 ［脇］

○キョウ
●わき

「脇」と「脅」──同じ字からできているのに意味が違うわけは？

「脇」の字は「月」と「劦」から成る。「脅」の字も、「脇」と同じ字からできている。「劦」の下に「月」を置くと「脅」となる。だが「脇」と「脅」は意味が異なる。「脇」は「わき」を意味し、「脅」は「おどかす」ことを意味する。

「脇」「脅」の「劦」は、「力」が3つ合わさっている。「力」という字は、畑をたがやす「耒《すき》」の形をかたどった象形文字と考えられている。3つの「力」から成る「劦」は、力を合わせてたがやすことを意味している。「月」（にくづき）は体の部位を表す。

だが「劦」は、「脇」と「脅」の字では、力を合わせてたがやすという意味で用いられているわけではない。「劦」は「脇」と「脅」では、脇腹に肋骨《ろっこつ》が並んでいる形の比喩として用いられている。脇腹に肋骨が並んでいる形は耒を並べた「劦」に似ているので、「劦」と「月」から、「わき」を意味する「脇」の字ができた。一方、「脅」は肩をそびやかし、肋骨をあらわにしていることを表しているという。そこから「おどす」という意味になった。

37

「強」

〇キョウ、ゴウ
●つよい

その「虫」はいかなる虫なのか

「強」のなかには「虫」の字がある。「強」はふだんよく使われている漢字の1つだが、そのなかの「虫」については意識することなく使っている。「強」は「つよい」ことを意味する。「強」のなかの「虫」はどんな虫で、それが「つよい」こととどんな関係があるのか。

「強」を「弘」と「虫」から成る会意文字ととらえ、「弘」を弓の弦をはずした形で、「虫」を天蚕蛾《てぐすが》とする説がある。

弓の握る部分を弓束《ゆづか》という。「弘」の古い字形では弓束の部分に線が1つ加えられており、「弘」はもともとは弓束の部分を表した字だったようである。

ヤママユガ科の天蚕蛾の幼虫から取り出し糸を酸に浸し、引き伸ばして乾かし精製したものを天蚕《てぐす》という。この糸はたいへん丈夫であるので、釣り糸などに用いられた。

右の説によれば、「強」の字は、弦の部分が丈夫な天蚕でできている弓を表しており、他のもので作った弦よりつよいところから、「強」は「つよい」という意味になった。

38 「玉」

○ギョク
●たま

右下の「丶」は何を表しているのか

翡翠《ひすい》・大理石などの美しい石を表す「玉」の字は、形の上では、王様の「王」の字とよく似ている。「玉」と「王」は何か関係があるのだろうか。「王」に「丶」（点）をつければ「玉」になるが、その「丶」は何なのか。

「玉」の古い字形（甲骨文字）では、「」のような形に書かれている。それは3個の「たま」（玉《ぎょく》、美しい石）を紐《ひも》を通して、数珠のように綴った形で、のちに「王」と書かれるようになる。すなわち今の王様の「王」と同じような形に書かれるようになった。

一方、王様の「王」は権威のシンボルである鉞《まさかり》の形をかたどった象形文字で、古い字形では「」と書かれていた。今の王様の「王」とは少し異なり、3本の横線のなかの上から2番目の横線が少し上に寄っていた。

「玉」と「王」のその古い字形では、よく見れば字形に違いがあったものの、似すぎていた。そこで「たま」（美しい石）を意味する字に「丶」をつけて区別したわけである。

39

「禁」

○キン
●とどめる、とめる

なぜ「林」なのか

樹木がたくさん群がって生えているところを「はやし」という。その「はやし」という言葉は「生《は》やす」からきている。貝原益軒の『日本釈名』に、「はやし」とは「はやす也。木を多くはやすなり」とある。

禁止・禁煙・禁固・監禁などの「禁」は、「とどめる」ことを意味し、「林」と「示」からできている。なぜ「林」なのか。

「禁」の「示」は、神をまつるときに用いる卓（机）を意味する。神といえば神社。神社といえば、神社の周囲にはたいてい樹木がたくさん生えており、林や森を成している。「禁」の「林」は、神社の林である。その林は神の住むところと信じられていた。「林」と「示」から成る「禁」は神域であることを表している。神のいるところ、神聖な場所だから、人々（俗人）はそこに入ってはいけない。入ることが差し止められた。そこから「禁」は、「してはいけない」「とどめる」「とめる」という意味になった。

40 ［苦］

○ク
●にがい、くるしい

なぜ「にがい」と「くるしい」の意味があるのか

ニガナ（苦菜）と呼ばれているキク科の草がある。日本各地の山野に生えている多年草で、その葉や茎を傷つけると苦みのある白い乳液がでる。そこでニガナという名になった。

苦労・苦痛・苦学などの「苦」の字には、「にがい」という意味と、「くるしい」という意味がある。「苦」は「艹」（くさかんむり）からわかるように、もともとは植物を表した字で、その植物とはニガナである。ニガナはにがい味がするので、「苦」は「にがい」という意味に用いられた。

「苦」には「くるしい」という意味もある。その意味は「劬」の字と関係があるらしい。「劬」は一説に体を曲げて農耕をしていることを表した字で、「く」と発音し、「骨折り苦しむ」ことを意味する。「苦」の字では、「古《こ》」が「く」という音に変わり、その音が「骨折り苦しむ」ことを意味する「劬《く》」に通じるところから、「くるしむ」という意味に用いられるようになったようである。

41

「形」

○ケイ、ギョウ
●かたち

右側の「彡」は何なのか

「形」の左側の字は、神社を表す地図記号（⛩）とどことなく似ている。現在の記号は「⛩」だが、古地図では「⛩」と書いていて、「形」の字とたいへん似ていた。だが「形」の「开」は、神社を表したものではない。

「形」の左側はもともと「井」と書かれていた。すなわち「形」のもとの字は「形」であった。その「井」は木の枠《わく》（鋳型《いがた》の外枠）の形とする説がある。

「形」右側の「彡《さん》」は、長くて豊かな髪の毛の形、あるいは筆の毛並みがそろった形をかたどったものなど、いくつかの説がある。「彡」には、「色彩」「光沢」「色合い」「模様」などの意味があり、「形」のほか、彩・彰・影・彫などの漢字を構成している。

「形」の字源については、右の「井」＝「木の枠」説によれば、鋳型に溶《と》かした金属を流しこみ、鋳物をつくる。その鋳物の美しいさま、美しいかたちを表したのが「形」で、のちにあらゆるもののの「かたち」を意味するようになった。

42 「劇」

○ゲキ
●はげしい

なぜ「虍」(虎)がこの字のなかにいるのか

「劇」「虚」「戯」などの字を構成している「虍」は、部首名を「とらがしら」あるいは「とらかんむり」という。ただし漢和辞典では、「虚」が「とらがしら」の部に入っており、「劇」は「刂(りっとう)」の部に、「戯」は「戈(ほこがまえ)」の部に置かれている。

「劇」の右側の「刂」は刀、左側の「豦」の「虍」は虎、「豖」は豚や猪《いのしし》などを表す字だが、「劇」はそもそも何を表した字だったのだろうか。

古代中国では、軍隊が戦いにでるとき、神前で勝利を祈って、芝居《ドラマ》を演じたという。「劇」という字はその芝居を表しているという説がある。この説によれば、「豦」の「豖」は動物を意味しており、「豦」は虎の皮を身につけて虎を演じる人を表している。それをもう1人が刀で退治していることを表したのが「劇」で、そこから「劇」は「芝居」の意味になった。そしてその芝居の演技者の動作が激しかったことから「はげしい」という意味になった。

43 「欠」

○ケツ、ケン
●あくび、かける

なぜ異なる2つの意味をもつのか

欠席《けっせき》・欠損《けっそん》の「欠」は「かける」「たりない」という意味だが、漢和辞典で「欠」の字を引いてみると、「かける」の意味のほかに、「あくび」「あくびをする」という意味がのっている。「欠」はどうしてそうした異なる意味があるのか。

「欠」は人が口を開いて立っているさまをかたどった象形文字で、「あくび」「あくびをする」ことを意味する。「けん」と音読みし、あくびのことを「欠伸《けんしん》」ともいい、「欠伸」と書いて「あくび」とも読む。また「欠」は歌・歓・次・欲などの字に用いられており、部首名としては「あくび」または「けんづくり」と呼ばれている。

「かける」「たりない」意味の「欠」は「けつ」と発音するが、「欠」のもとの字は「缺《けつ》」である。「缺」の「缶」は土器の象形文字で、「缺」は土器がかけることを意味する。その略字として、もともと「あくび」を意味する「欠」の字を用いたことから、「欠」は「かける」と「あくび」という2つの異なる意味をもつことになってしまった。

44 「血」

○ケツ
●ち

なぜ「皿」という字と似ているのか

「血」に形がよく似た「皿」という字がある。「血」の上部の点（「ノ」）を除くと、「皿」になるが、「血」と「皿」はどうして字形が似ているのか。

「血」と「皿」は最古の文字である甲骨文字にすでに登場している。すなわちどちらも古くから使われている字である。

「皿」は「べい」と音読みし、「さら」を意味する。「皿」はいわゆる象形文字で、浅くて平たい皿をかたどったものである。

一方、「血」は「ノ」（点）と「皿」から成り、それは皿のなかに血液が入っていることを表している。「ノ」が血液で、その血液は動物の血液である。

古代の中国では神をまつる際、牛や羊などの犠牲《いけにえ》の血液を皿に入れ、神にお供《そな》えすることが行なわれていた。「血」という字はそこからきており、だから「皿」と似ているわけである。『説文解字』は「血」の字について、「祭のときに薦《すす》める牲血《せいけつ》なり」と説明している。

45

「頁」

○ケツ、ヨウ
●あたま、ページ

「あたま」を意味する字が、なぜ「ページ」も意味するのか

本などの片面をページといい、それを漢字で表す場合には、「頁」の字が用いられるのだが、「頁」にはもともとページという意味はない。それなのにどうしてその意味に用いられているのか。

頭《あたま》・額《ひたい》・顔《かお》・頸《くび》・顎《あご》・項《うなじ》・頬《ほお》などの字が「頁」を含んでいることからわかるように、「頁」は人間の頭部（顔）と関係のある字である。「頁」の字は、ひざまずいた人間の頭部を強調して大きくした形をかたどった象形文字で、「あたま（頭）」を意味し、ページとは本来何の関係もない。「頁」は「けつ」、あるいは「よう」と発音する。

「葉」という字があり、植物の「は」を意味する。「葉」は「よう」と発音し、紙などの軽いものや薄いものを数える助数詞としても使われ、「一葉、二葉」などと数える。

「頁」も「葉」と同じく、「よう」と発音する。そこで「葉」のかわりに「頁」を使うようになり、「頁」はページを意味するようになった。

46 「月」

○ゲツ、ガツ
●つき

まんなかの2本の横線は何なのか

われわれが住んでいる地球から見える月は毎日、少しずつ姿を変える。すなわち満《み》ち欠けをする。漢字の「月」は欠けた月（三日月）の形をかたどった象形文字である。では「月」の字のなかの2本の横線は何を表しているのか。

「夕」という字があり、「日のくれがた」「ゆうぐれ」を意味する。この字も「月」と同じように、欠けた月（三日月）の形をかたどったものである。どちらも欠けた月（三日月）の形をもとにしている。そこで、古い字形（甲骨文字）では「月」は「」、「夕」は「」と書かれ、三日月のなかの点（線）の有無で区別されていた。それが次に古い字形（金文）では、「月」が「」、「夕」が「」と書かれるようになる。三日月のなかの点は、月の模様、あるいは中空でないことを示す記号などの説がある。

そして篆文では「月」は「」、「夕」は「」となり、楷書で現代の形になるが、「月」の内部の上の線は古い字形における点であり、下の線は三日月の弦に相当する。

47

「犬」

○ケン
●いぬ

右上の「丶」は何なのか

「犬」の字は、「おおきい」ことを意味する「大」とよく似ている。「犬」の右上の「丶」(点)を除くと「大」になる。「犬」の「大」と、「おおきい」の「大」は形の上では同じである。だが内容的には異なる。

「おおきい」ことを意味する「大」は、両手と両足を広げて立つ人を正面から見た姿をかたどった象形文字である。「犬」はその「おおきい」の「大」に「丶」をつけたものではない。「犬」という字は犬の姿の象形文字である。犬を表す字は、もっとも古い漢字である甲骨文字に見られるが、そこに登場している犬を表した字は、見てすぐに犬とわかるような形をしている。

甲骨文字では動物はたいてい頭を上にした状態で描かれている。犬を表した字も同様で、頭部を上、しっぽを下にした形になっている。それが変化して「犬」という字になったわけだが、「犬」の右上の「丶」は耳を表している。

48

〔嫌〕

○ケン、ゲン
●きらう

男も「きらう」のになぜ「女」偏なのか

「あの人がきらい」「あの食べ物はきらい」などの「きらい」という感情は男女とももっている。それなのに「きらい」「きらう」ことを意味する漢字の「嫌」は「女」偏である。それはなぜなのか。

「嫌」は「女」と「兼」からできている。その「兼」は2本の稲を1本の手で合わせもっていることを表している。「兼」のなかのカタカナの「ヨ」の字に似ている部分が手である。2本の稲を合わせもつ。そこから「兼」は「かねる」という意味になった。

1つでは満足せず2つを合わせもつ。「嫌」の「兼」は、飽き足りないことを意味し、それに「女」をつけた「嫌」はもともと「女性が不満に思っている」ことを意味していたが、のちに「女性」の意味が抜け落ち、「不満に思う」意味から、「きらう」という意味になったという説がある。このほか、「嫌」はもともとは「女性が決断できずに、あれこれ思い悩んでいる」ことを表しているという説もある。

49

［湖］

○コ
●みずうみ

右側の「胡」は何なのか

陸地において、ひろびろと水をたたえているところを「みずうみ」といい、漢字では「湖」と書く。池や沼も水をたたえているが、湖は池や沼よりも大規模に水をたたえているところをいう。

「湖」の左側の「氵」（さんずい）は、水に関係したものを表す。みずうみには水があるから、「湖」には「氵」の字が用いられている。では右側の「胡」は何を表しているのか。『説文解字』に、「胡」の字について、「牛の顎《あご》の下の垂れた肉」を意味しているとある。牛の顎（喉《のど》・首）の下の部分は肉が垂れている。「胡」の字はそれを表しているという。そこから「胡」には、大きくふくらんだものという意味がある。

みずうみは、大きな水たまりである。いわば水のふくらんだところである。そこで大きくふくらんだものを意味する「胡」の字を用い、それに「氵」を加えて「湖」としたのだろう。

50

［考］

○コウ
●かんがえる

なぜ「孝」の字と似ているのか

「考」の字に似た「孝」という字があり、間違いやすい。「考」は「かんがえる」ことを意味し、「孝」は「親を大切にする」ことを意味する。「考」と「孝」は今日、用いられている意味の上ではほとんど関係はないが、漢字の字源においては共通点がある。

「考」と「孝」は、同じ「耂」という字を含んでいる。その「耂」は、「老」の略字で、部首名としては「おいかんむり」「おいがしら」などと呼ばれており、「老人」を意味する。

「考」は「耂」と「丂」から成り、「丂」は「こう」の音を表すとともに、一説に「曲がっている」ことを意味し、「考」は腰の曲がった老人を意味するという。また「考」は「亡《なき》父《ちち》」を意味するとの説もある。「考」にはもともと「かんがえる」という意味はなかった。その意味で用いられるようになったのは「こう」という音が「校《こう》」（あるいは「攷《こう》」）に通じることによると考えられている。なお「孝」の字は「耂」（＝老人）＋「子」によって、子が老いた父母によく仕えることを意味する。

51

「幸」

○コウ
●さいわい、しあわせ

なぜこの字が「さいわい」を意味するのか

「幸」は好まれる漢字の1つで、人名によく用いられている。好まれるのは「幸」が「さいわい」「さち」「しあわせ」などの意味をもつ字であることによるが、「幸」はもともとはちょっと恐ろしい字であった。どうして恐ろしいかといえば、「幸」は罪人の手首にはめて自由を奪うための刑具、すなわち手枷《てかせ》の象形文字で、甲骨文字にもすでに登場している。

ちなみに「執」や「報」は「幸」の字を含んでいるが、「執」は罪人を手枷でとらえることを表した字で、「報」は手枷を付けた罪人を上から押さえるさまを表した字である。

手枷を表した「幸」が、どうして「さいわい」という意味になったのか。

古代中国における罪人に対する刑罰には、斬首、車裂き、足斬り、入れ墨など、いろいろあった。斬首や車裂きなどの死刑に比べれば、手枷をされる形は軽い。生命を失うことはないので、死刑になるよりはしあわせである。そこから「しあわせ」「さいわい」という意味に使われるようになったようである。

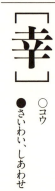

52

［香］

○コウ、キョウ
●かおり

そもそも何の「かおり」を表したものなのか

香水・香料などの「香」は「かおり」を意味するが、「香」は本来は何のかおりを表した字だったのか。あなたは「香」の字から、どんなかおりをイメージするだろうか。金木《きんもく》犀《せい》のかおり、線香のかおり、果物のかおり……。いろんなかおりがあるが、「香」の上の「禾」に注目すると、「香」がもともとは何のかおりであったかが推測できる。

「香」は「禾」と「日」から構成されている。その「禾」はイネ科の植物の黍《きび》（黍団子《きびだんご》の黍）の略字。「黍」の下の部分を略したものである。「日」は、「あまい」「うまい」ことを意味する「甘」を略したものと考えられている。では「黍」（禾）と「甘」（日）で、どうして「かおり」を意味するのか。

「香」という字はもともとは黍で造った酒を意味していたようである。そしてその酒が発するよいにおいを意味するようになり、さらに意味が広がって、香水や植物など、さまざまなもののよいにおい（＝かおり）を意味するようになった。

53 ［虹］

○コウ ●にじ

どうして「虫」偏なのか

虹は太陽の光と雨滴によって生じる現象である。それなのに「にじ」を意味する漢字の「虹」は「虫」偏である。虫とどんな関係があるのか。

古代の中国人は虹の正体は竜と考えていた。そしてその竜には頭が2つあると想像していた。もっとも古い甲骨文字に「」の形のものがある。それは双頭の竜がその体を湾曲させている姿を描いたもので、「にじ」を意味している。古代の中国人は虹は、川の水を飲むために天界から出現した双頭の竜の姿だととらえていたのである。

「虹」の「虫」は竜を含めた爬虫類を意味している。虹は竜の姿と考えられていたので、竜を意味する「虫」と、発音を表す「工」から、「虹」の字が生まれた。

虹には色の濃い主虹《しゅにじ》と、その外側に現れる色の薄い副虹《ふくにじ》があり、主虹を「虹《こう》」といい、副虹を「蜺《げい》」という。ちなみに虹《こう》はオスの竜で、蜺《げい》はメスの竜ということになっている。

54

「国」

○コク
●くに

この字のなかになぜ「玉」があるのか

「国」の字のなかには「玉」があるが、「国」の字の旧字のなかには「戈《ほこ》」があった。「国」の旧字は「國」である。

旧字の「國」は「囗」と「或」から成り、「囗」は城壁で囲まれた地域を表している。「或」は「戈」と「口」と「一」から成るが、「戈」は槍《やり》のような形の武器のほこの形をかたどった象形文字で、「口」は城壁で囲まれた地域を表しており、「一」は土地の境界線を表している。「或」は戈を武器として、城壁で囲まれた地域を守っていることを表した字で、「或」はそれだけで「くに」を意味していた。ところが「或」がのちに「あるいは」という意味に用いられるようになったため、「或」にさらに「囗」を加えて、「くに」を意味する「國」の字が作られた。「國」の字を略したのが「国」である。

「国」ではなかが「玉」になっている。それについてはいくつかの説があるが、その1つに「國」の字の崩し字（草書体）が「国」の字に見えることによるという説がある。

55

[圀]

○コク
●くに

口のなかがなぜ「八方」なのか

「くに」（国家）を意味する漢字としては「国」が一般に用いられているが、「圀」という字もまた「くに」を意味する。「圀」はふだんはほとんど使われていないが、水戸の黄門様こと、水戸光圀のその名でよく知られている。

「圀」は中国唯一の女帝、唐の則天《そくてん》武《ぶ》后《こう》が作った字で、則天文字と呼ばれている。この字の成立について、次のような話が伝わっている。

「国」は旧字では「國」と書く。あるとき家臣の1人が「國の字の或は、惑《まど》うに通じてよろしくない。或のかわりに武（則天武后の武）にし、武氏が国の中心にすわっている形にしたほうがよい」と、則天武后に提案した。武后はその通りにした。

ところが1か月後、別の家臣が「口と武を組み合わせるのは囚と同じ発想であり、武氏が口のなかに閉じこめられていることになるのでよくない」と武后に上奏した。そこで武后は「口」のなかに世界全体を表す「八方」という言葉を入れた「圀」の字を作らせた。

56

「獄」

○ゴク
●ひとや

なぜ「犬」（犭・犬）が2匹いるのか

牢獄《ろうごく》・地獄の「獄」は「犭」（けものへん）と「言」と「犬」からなる。「犭」は「犬」の字の変形である。犬は獣《けもの》の代表とされていた。だから「犬」が「犭」の形になって偏《へん》（けものへん）となり、獣一般を表すようになった。「犭」には犬を意味するものと、獣一般を意味するものがある。「獄」の「犭」は犬を意味している。したがって「獄」は2匹の「犬」と「言」から成り立っていることになる。なぜ2匹の犬なのか。

「獄」の字源については、一説に2匹の犬が吠え合うように人が言い争うことを表しており、原告と被告との争いを意味しているという。

古代中国では裁判にあたって、原告・被告がそれぞれ犠牲の犬を提出し、神に宣誓したという。「獄」の字はそのことを表しているという説もある。

「獄」という字はもともと「訴訟」「裁判」を意味していた。裁判で負けて有罪になると牢《ろう》屋《や》に収容されたりする。そこから「獄」は「牢屋」を意味するようになった。

57

「昏」

○コン
●くらい、たそがれ

なぜ「氏」+「日」なのか

薄暗くなった夕暮れどきのことを「たそがれ」という。中世のころまでは「たそかれ」といっていた。その「たそかれ」という言葉は「誰《た》そ彼《かれ》」からきている。夕暮れどきには、人の見分けがつきにくくなり、「誰そ彼」（誰だ、彼＝あれは）と問うたりする。そこから夕暮れを「たそかれ」というようになり、「か」が濁音化して「たそがれ」となった。

たそがれ（夕暮れ）を意味する漢字に「昏」がある。「昏」は「氏」と「日」から成るが、どうして「昏」の字が「たそがれ」を意味するのか。

「昏」は古い字形（甲骨文字）では、「人」と「日」の組み合わせとなっている。すなわち古い字形では、人の足の下に太陽が描かれている。それは太陽が人の足のあたりまで落ちている時刻であること、つまりたそがれどきであることを表しているわけである。

それがのちに「昏」となった。その字源については、「氏」は「低」の省略形で、「低《ひく》い」ことを意味し、「昏」は太陽が低くなるころ（＝日暮れ）を意味するとの説がある。

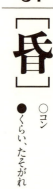

58

「魂」

○コン
●たましい

なぜ「云」＋「鬼」なのか

人は胸の奥深くに、「たましい」なるものをもっていることになっている。ある国語辞典は「たましい」について、「生物体に宿り精神作用を支配し、生命を保持すると考えられるもの。古来、肉体を離れても存在すると考えられた」と説明している。

漢字では「たましい」は「魂」と書く。「魂」は「云」と「鬼」からできているが、どうして「鬼」なのか。

「鬼」はその古い字形（甲骨文、金文）では、お面をかぶった人の形に書かれており、その面は死者の霊魂を表すものと考えられている。

「魂」の「鬼」は、死者のたましい（霊魂）を意味している。左側の「云」は「雲」の字にも使われているが、「雲」のもとの字で、「くも」を意味する（19ページ参照）。

人のたましいは死後、人体から離れ、雲となって天に昇る（霊界に入る）と考えられていた。それを表したのが「魂」という字である。

Column

漢字の振り仮名を「ルビ」と呼ぶわけ

漢字の読み方を示すために、そのわきにつける仮名のことを「振り仮名」といい、縦書きの場合、ふつう漢字の右側につける。たとえば「梅雨」は「ばいう」、あるいは「つゆ」とも読む。そこで「つゆ」と読ませたいときには「梅雨」の右側に小さい文字で、「つゆ」と振り仮名をつける。

その振り仮名のことを「ルビ」ともいい、文中の漢字すべてに振り仮名をつけることを総ルビ、一部の漢字だけにつけるのはパラルビという。どうして振り仮名のことを「ルビ」というのか。

ルビーという名の赤い色の宝石がある。振り仮名を意味するルビは、宝石のルビー（ｒｕｂｙ）からきている。印刷に用いる、鉛などでつくった文字を活字といい、活字を組んで行なう印刷を活版印刷という。現在では活版印刷は少なくなってきたが、活字の大きさは「号」や「ポイント」で表されている。

日本の印刷物ではかつて5号の大きさの活字がよく用いられ、その振り仮名には7号（5・25ポイント）の大きさの活字が主に用いられた。イギリスやアメリカでは、活字をその大きさによって、ルビー、エメラルド、ダイヤモンドなどと宝石名で呼んでいた。ルビーと呼んでいたのは5・5ポイントの活字で、わが国で振り仮名用として使われていた7号活字の大きさに近かったことから、その振り仮名用の活字をルビと呼ぶようになり、振り仮名のこともルビというようになった。

第2章

「道」になぜ「首」があるのか

サ行～タ行

59

「坐」

○ザ
●すわる

同じく「すわる」ことを意味する「座」との違いは

「坐」と字形がよく似た「座」という字がある。どちらも「すわる」ことを意味するが、「坐」と「座」にはどんな違いがあるのか。

「坐」を分解すると「人・人・土」になる。「坐」は2人《ふたり》の「人」と「土」から成る。「坐」の古い字形では、「土」の上で（あるいは「土」をはさんで）、2人の人間が向かい合ってすわっている形に書かれている。その2人の人間は何をしているのか。「坐」の字源については、一説に土地の神様の前に2人の人間がすわっていることを表しており、裁判を受けるためにそうしているのだという。裁判を受けるために向き合ってすわる。そこから「坐」は「すわる」という意味になった。

右の説によれば、裁判は神社で行なわれ、また祖先の霊をまつる廟《びょう》でも行なわれたので、「廟」の「广」と「坐」から「座」の字ができた。「座」はもともとは「坐」＝裁判の行なわれる場所を意味する字であったという。

60

「災」

○サイ
●わざわい

「巛」は何を表しているのか

大火、洪水、病気、事故など、悪いできごとを「わざわい」という。漢字では「災」の字が「わざわい」を意味し、災難・天災・災害などの熟語を成している。

「災」は「巛」と「火」からできている。その「巛」は「川《かわ》」の字に似ているが、川と関係がある。「巛」のもとの形は「巛」で、それは川の流れがふさがれてあふれでていることを表している。すなわち「巛」＝「巛」は川がふさがって起こるわざわい、「洪水・水害」を意味している。

「災」の「火」は、火によるわざわいを表している。篆文において、水害を表す「巛」と、火災を表す「火」が組み合わされて「災」という字が生まれている。

「災」はもともとは、水によるわざわいと、火によるわざわいを表した字であった。だがその後、水害・火災だけではなく、病気や事故なども含んだすべての「わざわい」を意味するようになった。

61

［妻］

○サイ
●つま

「女」の上部の字は何なのか

結婚している男女のうちの女性のほうを「つま」といい、漢字では「妻」と書く。つまは女性だから、漢字の「妻」は「女」の字を含んでいる。では「妻」の字で、「女」の上にある字は何を表しているのか。

結婚すると女は「妻」になり、男は「夫」になる。「妻」と「夫」、この2つの字にはある共通点がある。それは両字とも簪《かんざし》状の飾りを頭につけた姿を表したものである。「妻」の字は、簪（飾り）をつけて盛装した女性の姿を現したものである。一方、「夫」という字は、人が両手両足を広げて立った姿をかたどった「大」に、横線1本を加えたもので、その横線は簪（飾り）を表しており、それは男子の正装の姿である。

昔の中国の結婚式では、新郎と新婦は簪状の飾りで髪を飾る風習があったらしい。「妻」と「夫」の字は、婚礼のときの晴れ姿を写したものと考えられている。だから結婚すると女は「妻」になり、男は「夫」になる。

62

「罪」

○ザイ
●つみ、つみする

この字はなぜ「つみ」を意味するのか

「罪」の字は「つみ」を意味し、罪を犯した人を「罪人」、犯した罪のありさまを「罪状」という。

「つみ」を意味する字として、「自」と「辛」から成る「辠《ざい》」という字があった。その「自」は鼻の象形文字、「辛」は把手のある大きな針の象形文字で、その針は入れ墨などの刑罰に用いられた。「自」と「辛」から成る「辠」は、鼻に入れ墨をされることを表している。その昔、中国では罪人に対し、その鼻に入れ墨をすることがあった。そこで鼻に入れ墨をすることを示す「辠」は「つみ」の意味になった。

「つみ」を意味するその「辠」は、「皇」の字と字形が似ている。秦《しん》の始皇帝がそのことを嫌ったため、以後、「つみ」を意味する字として「罪」を用いたという。

「罪」の字源については、「罒」は網《あみ》の象形文字で、「非」は悪いことを意味し、悪人を法の網にかけてつみする（罪《つみ》する、罰する）ことを表しているという説がある。

63

「冊」

○サツ、サク
●かきもの、ふみ

なぜこの字で本を数えるのか

本（書籍）を数えるとき、「冊」の字を用いて、「1冊・2冊」と数える。なぜ「冊」なのか。それはこの字が「書物」の意味をもっているからである。

「冊」は旧字では「册」と書いていた。そのもととなった字は甲骨文字に見えるが、甲骨文字ではそのもととなった字は、2つのものを表していた。

1つは杭を打ち込んで作った柵《さく》である。甲骨文字における「冊」の古い字形は、木を組んで作った柵の形をかたどったものであった。そしてまた「冊」の古い字形は、木簡・竹簡を編んだものの形をかたどった象形文字でもあった。

紙が普及する以前には、木や竹で細長い札を作り、それに文字を書いていた。それを木簡・竹簡といい、それを糸で編んだもの（束ねたもの）を、「冊」の古い字形は表していた。そこからこの字は「書きもの」「書物」の意味に用いられるようになり、書物を数える単位となったのである。

64

［雑］

○ザツ、ゾウ
●まじる

何が「まじっている」のか

「雑」の字は「ざつ」あるいは「ぞう」と発音し、「まじる」ことを意味する。その旧字は「雜」で、左側下部の「木」と右側の「隹」を合わせると、「あつまる」ことを意味する「集」の字になる。左側上部の「亠从」は「衣」である。すなわち「雜」（雜）は「衣」と「集」から成る字で、本来は「襍」と書くのが正しく、そのように書く字もある。

「集」の上部の「隹」は鳥を意味する。「集」は古くは「雧」とも書いていた。木の上に「隹《とり》」が複数いる。つまり、木の上に多くの鳥が止まっている。そこから「あつまる」という意味になった。「集」の字を含んでいる「雑」は、「集」がもっている「あつまる」という意味を受けついでいる。では「雑」の字では、いったい何が集まっている（まじっている）のか。「雑」の字源については、いろいろな色の布を集めてつくった衣、あるいははぎれを寄せ集めてつくった衣を意味しているなどの説がある。その衣の意味が脱落し、すべてのものについて「まじる」の意味に用いられるようになった。

65 「残」

○ザン
●のこり、のこる

もともと何が「のこる」ことを表した字なのか

「のこり」を意味する「残」の字は、旧字では「殘」と書く。その左側の「歹」は「死」や「殉」などの字にも使われているが、亡くなった人の骨を表しており、部首としては「がつへん」とか「かばねへん」と呼ばれている。

「殘」の右側の「戔」の「戈」は、「ほこ」のことである。戈《ほこ》は棒の先に鉄の鉤《かぎ》をつけた鳶口《とびぐち》のような形の武器。右側の「戔」は「戈」が重なっている。

「殘」の字源については、「戔」の解釈によっていくつかの説がある。

「戔」には、「薄いものや細かいものが重なる」という意味があり、その「戔」と「歹」から成る「殘」は、「死んだ人の骨がわずかにのこされている」ことを表しており、そこで「のこり」を意味することになる。それに対し、「戈」を2つ重ねた「戔」は「ものを切りきざむ」ことを表しており、「殘」は「骨を小さく切りきざむ」ことを意味し、切りきざんだ骨の残りという意味から「のこり」の意味になったという説もある。

66 「士」

○シ
●おとこ、さむらい

なぜ「おとこ」を意味するのか

紳士・文士・名士などの「士」は、「おとこ」「一人前の男性」を意味する。弁護士や気象予報士などは女性でも「士」が使われているが、「士」はもともとは「おとこ」を意味する字であった。では「士」の字がどうして「おとこ」を意味するのか。

「士」の字を見て、あなたは何を連想するだろうか。「士」の古い字形（金文）では、「」のような形に書かれている。それが篆文で現在と同じような「士」の形になったのだが、その金文の字形については、一説に小さな鉞《まさかり》の頭部の刃を下にして置いた形で、その鉞は戦士の身分を示す儀礼用のものであり、金文のその字は「戦士・兵士」を意味しており、そこから「おとこ」の意味にも用いられたという。

これに対し、「士」のその古い字形は、男性の性器が勃起したさまをかたどったもので、男根が勃《た》つところから、「おとこ」（一人前の男性）の意味になったという説もある。

67 「子」

○シ、ス ●こ

「子」の足はなぜ1本線なのか

「こども」を意味する「子」という字を漢和辞典で引いてみると、「子」の字は象形文字と説明されている。すなわち「子」は、こどもの姿をかたどった文字である。

「子」の古い字形（甲骨文字、金文）では、「子」は「」、あるいは「・」と書かれている。こども（幼児）の頭は相対的に大きい。そこで古い字形では頭でっかちに書かれている。また古い字形では、こどもの手のポーズに違いがある。両手を上げている形と、一方の手を上に向け、もう一方を下に向けた形のものがあるが、後者は王子の身分である子を表しているそうである。

「子」では横棒が左右の手を表しており、足は縦線によって表されている。足は2本なのに、1本の線で表されている。それは古い字形でも同じである。それはなぜなのか。幼児は歩行がうまくできない。そのことを1本の線は表しているという説がある。古い字形の「子」の足は産着に包まれているので、1本線で表されているという説もある。

68

【至】

○シ
●いたる、きわめて

何が、どこに「いたる」のか

「至」の字は「いたる」「ゆきつく」ことを意味する。夏至《げし》・冬至《とうじ》の「至」はその意味である。また、「至」には「これ以上ない」「きわめて」という意味もあり、至急・至難などでは「至」はその意味で用いられている。

「至」はなぜ「いたる」ことを意味するのか。「至」から矢を想像するのはむずかしいかもしれないが、「至」の下部の「一」を除いた部分は、矢が逆さまになっている形である。矢を放ち、それがどこかに到達する。それを表したのが「至」で、下部の「一」が矢の到達の地点を表しており、そこで「至」は「いたる」という意味になった。古代中国では大切な建物を建てるとき、神聖なものとされた矢を放ち、それが到達した地点に建てたという。

「いえ」「すまい」を意味する「屋」の字は「至」を含んでいる。「屋」はもともとは遺体を安置しておくための建物を意味していたという説があり、この説によればその建物は矢を放ち、それが到達した場所に建てられたので「屋」の字のなかに「至」がある。

69 ［思］

○シ
●おもう

「田《た》んぼ」と「心」で、なぜ「おもう」のか

「思」という字には「田」の字が使われている。田園・水田などの「田」は「たんぼ」を意味する。「思」は「おもう」ことを意味するが、「田」（たんぼ）と「心」で、どうして「おもう」という意味になるのか。「思」の字面から、そうした疑問をもつ人もいるだろう。「思」の「田」は、じつは田《た》んぼのことではない。「思」の上半部の「田」はもともとは「囟」で、「思」のもとの字は「恖」であった。

その「囟」は頭蓋骨の形をかたどった象形文字である。その頭蓋骨は幼児のもので、幼児の頭蓋骨の骨と骨とのあいだがまだ完全に接合していない隙間《すきま》のことを「ひよめき」という。「囟」は具体的にはひよめきを表している。

頭蓋骨のなかには脳がある。「恖」は頭（脳）と心で考えることを表しており、したがって「おもう」ことを意味する。「思」は「恖」の変形である。

70

「次」

○ジ、シ
●つぎ、やどる

なぜ「やどる」ことを意味するのか

江戸時代、江戸の日本橋から京都の三条大橋までの東海道には53の宿場があり、「東海道五十三次」などと称されている。広重《ひろしげ》が描いた「東海道五十三次」の絵はよく知られている。その「五十三次」の「次」は「宿場」という意味である。

「次」の字には、「順序」「回数」などの意味もあり、その意味で使われることが多いが、「五十三次」の「次」はそのような意味ではなく、「やどること」や「やど」を意味する。

「次」は旧字では、「次」と書く。「欠」は口を開いて立っている人を横から見た形である。「次」（次）の左側の「二」（冫）については、口から吐いている息を表していると考えられている。

「次」の字源については、人が息をついているさまを表した象形文字で、止まって休むことを意味するとする説があり、この説によればそこから「やどる」「宿場」の意味に用いられるようになった。

71

「持」

○ジ
●もつ

「寺《てら》」とどんな関係があるのか

「もつ」ことを意味する「持」は、「寺」の字を含んでいる。「寺」は「てら」（寺院）の意味に使われているが、「扌」（てへん）と「寺」から成る「持」は、どうして「もつ」ことを意味するのか。

仏教が中国に伝わったのは1世紀ごろである。やがて「てら」ができるようになるが、「寺」という字は仏教が伝来する以前に存在していた。したがって「寺」はもともとは「てら」を意味する字ではなかった。「寺」は「寸」と発音を表す「之《し》」から成る字で、「寸」は手で何かをもつことを表しており、「寺」は本来は「もつ」ことを意味する字であった。ところが「寺」はのちに「役所」の意味に用いられるようになったので、「もつ」という意味の字として、「寺」に「扌」（てへん）を加えた「持」が作られた。

「寺」は「役所」そしてのちに「てら」を意味するようになるが、それは外国の使節を接待する鴻臚《こうろ》寺《じ》という役所が僧侶たちの宿舎となったことに由来する。

72

［射］

○シャ
●いる、うつ

なぜ「身」の字が使われているのか

射撃・注射などの熟語を構成している「射」は、「身」と「寸」からできており、「いる」「うつ」といった意味がある。「身」はからだを表す字で、「寸」は手を表す字である。その2つからなる「射」がどうして「いる」という意味になるのか。

「射」のもとの字（甲骨文字）では、弓に矢をつがえているさまが描かれており、「(矢を)いる」ことを意味する。甲骨文字の後に金文と呼ばれる文字が生まれる。甲骨文字では弓と矢しか描かれていなかったが、金文では弓と矢にさらに手（矢を放つ手）の形が加えられている。

そして金文の後に生まれた篆文では、「射」と書かれるようになる。この字からは弓と矢が消えてしまい、それが「身」に変わっている。どうしてそうなったのか。

「身」という字は、妊娠して腹が大きくなった女性を横から見た形の象形文字である。篆文では金文の弓と矢の部分を妊婦の姿、すなわち「身」と誤ってしまったのである。

73

［弱］

○ジャク
●よわい、わかい

なぜ「弓」が2つ並んでいるのか

引・弦・弧・強・弾などの漢字を構成している左側の「弓」は「ゆみへん（弓偏）」と呼ばれている。「弓」の字は、弓の形をかたどった象形文字で、「弓」偏の字は弓と何らかの関係がある。

「よわい」ことを意味する「弱」という字がある。この字は漢和辞典では「弓」の部に入れられており、「弓」偏の字として扱われている。「弱」の字では、「弓」が2つ並んでおり、その「弓」には、何かがついている。「弱」は旧字では「弱」と書いていた。その「弓」の下部の2本の斜線（古い字形＝篆書では斜線が3本）は弓につけた飾りを表している。

「弱（弱）」の弓は飾りのついた弓で、それを2つ並べた形で、その弓は儀式用の弓である。儀式用だから実戦用の弓に比べて、弓の力が劣る、強くない。そこで「よわい」という意味になった。また、「若」《じゃく》と読みが同じであることから、「弱」は「わかい」意味にも用いられ、年齢が若いことを「弱年」という。

74

「主」

○シュ、ス
●ぬし、あるじ

上部の「、」は何なのか

「主」には「ぬし」「あるじ」「かしら」などの意味があり、一家のあるじのことを「主人」という。

「主」の字源については、油を入れた皿の上で火が燃えているさまを表していると考えられている。「、」（点）が燃えている火を表しており、その下の「王」は「王様」の「王」ではなく（王様の「王」は鉞《まさかり》の象形文字だが）、火をともす皿を表したものである。

火が燃えているさまを表した「主」が、どうして「ぬし」「あるじ」の意味になったのか。

古代の人々にとって火は神聖なものとされていて、祖先をまつる祭りでは、家のなかで中心的な存在である者（家長）がその神聖な火を扱った。そこから「主」は「家長」「あるじ」を意味するようになった。

そして「主」がもっぱらそうした意味に使われるようになったため、「主」と「火」からなる灯火を意味する「炷《しゅ》」の字が作られたが、日本ではほとんど用いられていない。

75
「取」

○シュ
●とる

「又」（手）で「耳」をとる。何のために？

「とる」という動詞があり、「手ににぎりもつ」「自分のものにする」「手にもって何かをする」などの意味に用いられている。その「とる」の語源は「て」（手）が転じた「と」と、動詞をつくる「る」から成ると考えられている。手で何かをする。それが「とる」の語源である。

漢字では「取」が「とる」ことを意味する。その「取」の字も、「手」と関係がある。「取」の右側の「又」は、人の手（右手）の形をかたどった象形文字である。「取」は「耳」と「又」（＝右手）から成り、手で耳をとっているさまを表している。

なぜ耳をとっているのか。その耳は人間、それとも牛や馬などの動物の耳なのか。

その昔、中国では戦いのとき、敵をやっつけると、その左耳を切り取ってもち帰り、耳の数によって戦いにおける功労を判断したそうである。「取」の字はもともとは戦場において討ち取った敵の耳を切り取り手にすることを意味する字であったと考えられている。

76

〔授〕

○ジュ
●さずける

「受」と意味が逆なのはなぜなのか

「受」という字があり、「うける」ことを意味する。それに「扌」（てへん）を加えると「授」の字になり、「さずける」ことを意味する。すなわち「扌」をつけることで、意味が逆になっている。それはなぜなのか。「受」と「授」はいったいどんな関係にあるのか。

「受」の上部の「爫」（つめかんむり）は「爪」の変形で、「手でものをつかむ」ことを意味する。下部の「又」も同じく「手でものをつかむ」ことを意味する。「受」の古い字形（甲骨文字）では、中央の「冖」は「舟」になっていた。それは平たい器（盤《ばん》）の形である。

「受」は平たい器に入れたものを手から手へと受け渡していることを表した字である。上の手のほうからいえば、「さずける」ことになり、下の手のほうからいえば、「うける」ことになる。だから「受」はもともと両方の意味に用いられていたが、のちに「受」に「扌」をつけた「授」の字がつくられ、それを「さずける」意味とし、「受」は「うける」意味のみに用いられるようになった。

77

「秋」

○シュウ
●あき

なぜ「火」があるのか

夏の次にくる季節を「あき」という。その語源については、一説に、食物が豊かにとれる季節であることから、「飽《あ》き」の意味だという。漢字では「秋」と書くが、「秋」の字のなかになぜ「火」があるのか。

「秋」は古い字形（甲骨文字）では、虫の形に書かれていた。それは秋に穀物を食う害虫を表している。古い字形では、虫の足が2本書かれており、字体によっては羽も書き表されている。秋になると穀物に害虫がつくため、穀物を収穫した後に、その害虫を藁ごと燃やした。それを、虫の象形文字の下に「火」を加えた字で表した。

その虫の象形文字は、「亀」（そのもとの字は「龜」）の字に似ていたので「龜」と書かれるようになった。そして穀物を表す「禾」が付加された。つまり「禾」＋「龜」＋「火」（「灬」に変わる）から成る「龝」の字になった。その「龜」が略され、「灬」が「火」になって「秋」の字ができた。

78

［終］

○シュウ
●おわり、おわる

「糸」と「冬」でなぜ「おわり」なのか

「終」は「糸」と「冬」から成り、「おわり」を意味する。どうして「糸」と「冬」で、そうした意味になるのか。

甲骨文字に「」のような形の字が見られる。それは糸の両端をそれぞれ結びとめた形と考えられており、糸の端であることから、それは「おわり」を表していた。それが「冬」の字の上の「夂」となる。「冬」の字の下の2つの「丶」は、氷を意味する。「おわり」を意味する「」→「夂」は、のちに「季節のおわり」＝「ふゆ」の意味に用いられるようになり、ふゆには氷が張ることから、氷を意味する「⺀」(冬の旧字は冬で、旧字では「冫」)が加えられ、「冬」という字ができた。

「冬」はもともと「糸の末端」＝「おわり」という意味を含んでいた。それがもっぱら季節の「ふゆ」の意味に用いられるようになった。そこで糸の末端を示す意味から「糸」を加えて「終」という字が作られ、「ものごとのおわり」の意味に使われた。

79

［衆］

○シュウ、シュ
●おおい

なぜ「血」の字を含んでいるのか

大衆・民衆・群衆などの「衆」は、たくさんの人々を意味する。その「衆」は「血」の字を含んでおり、漢和辞典では「血」部に分類されている。ちなみに常用漢字では「血」部の漢字は「血」と「衆」だけである。

漢字の「血」は血液を意味している。では「衆」は血液とどのような関係があるのか。「衆」の下の部分は、3人の人間を表している。「衆」の古い字形（甲骨文字）では、3人の人間の上に、「血」ではなく、「口」あるいは「日」が描かれていた。「口」は都市を囲む城壁の形、「日」は太陽の象形文字であり、「口」と3人の人間から成る字は、都市のなかに多くの人々がいることを表しているという説があり、「日」と3人の人間から成る字は、日（太陽）のもとに大勢の人が並んでいることを表しているという説がある。

「衆」の古い字形（金文）には、上の部分が「罒」（「目《め》」を横にした形）になっているものもある。その意味は不明だが、「衆」はそれを「血」と誤ったものと考えられている。

80

「祝」

○シュク、シュウ
●いわう

なぜ「兄」がいるのか

「あに」を意味する「兄」は、「口」と「儿」から成る。「儿」（にんにょう）は、人が立っているところを横から見たさまをかたどったものである。では「口」は何なのか。

「兄」の字源についてはいくつかの説がある。ここではそのなかから説得力のある説を1つ選んで紹介しよう。それは「兄」の「口」を、神への祈りや願いの言葉である祝詞《のりと》をおさめる容器を表しているという説である。すなわち「兄」は、祝詞を頭の上にいただいている人を横から見た形をかたどった字で、神を祭る人を表している。神を祭る役目は兄弟《きょうだい》のなかの年長者が受けもった。そこから「兄」は「あに」の意味になった。

「祝」の字のなかには「兄」がいる。なぜ「兄」なのか。「祝」のもとの字は「祝」で、「示」は神を祭るときに使う卓（机）をかたどったもので、右の説によれば「祝」は卓の前で兄弟のなかの年長者（＝兄）が、神を祭ることを表しており、「いのる」ことを意味していたが、のちに「いわう」という意味になった。

81

［宿］

○シュク
●やどる、やど

なぜ「百」の字を含むのか

宿泊・宿直の「宿」の字は、「やどる」「とまる」ことを意味する。この「宿」は「百」という字を含んでいるが、どうして「百」なのか。

「百」は数字の「１００」の意味に用いられている。「白」の上に1本線を加えたものだが、「宿」の「百」は数字の「１００」とは何の関係もない。「宿」の古い字形（甲骨文字）を見れば、そのことがわかる。

古い字形では「宿」の「百」に相当する字は、「」の形に書かれている。それはいったい何を表したものなのか。古い字形では、「宿」は「」（＝家）の下に「」（人）がおり、その右側に「」が位置している。「」は敷物の形と考えられている。「宿」の古い字形は、家屋のなかで人が敷物の上に寝ている形であり、「やどる」「とまる」ことを意味する。その「」が楷書体で「百」と書かれるようになった。だから「宿」の「百」は数字の「１００」とは関係ない。

82

「初」

○ショ
●はじめ

何の「はじめ」なのか

「初」は、ものごとの「はじめ」を意味する。「初夏」は夏のはじめ、「初演」ははじめての上演・演奏、「初婚」ははじめての結婚、「初診」ははじめて受ける診察。

そのように「初」はいろんなもの、いろんなことの「はじめ」の意味に用いられている。だがもともとは、あることの「はじめ」を表した字である。そのあることとは？「初」にそのあることが示されている。

「初」は「衤」（ころもへん）と「刀」からできている。「衤」は「衣」の変形で、衣服を意味する。「刀」は刀の形で、刃物を意味する。「衤」（衣）と「刀」から成る「初」は、布地を刃物で裁断することを表している。それがどうして「はじめ」の意味になるのか。

衣類をつくるためには、まず布地を切らなければならない。布地を刃物で裁断することが衣類をつくる手はじめとなる。そこで「初」は「はじめ」「はじめて」という意味になったのである。

83 ［咲］

○ショウ
●さく、わらう

なぜ「口」偏なのか

花が開くことを「花がさく」ともいい、漢字では「さく」は「咲」と書く。その「咲」は、「口」偏である。「口」偏の字には飲食や言葉などの口の動作に関係したものが多い。花がさくことは、口の動作とは関係ない。それなのに「咲」はどうして「口」偏なのか。

「咲」はもともとは「わらう」ことを意味する字であった。「笑」という字があり、「わらう」ことを意味する。その「笑」に「口」偏をつけて「嘨」とも書き、「わらう」ことを意味した。また「嘨」の右側の字を「艹」（くさかんむり）にして「𠯈」とも書いた。「咲」の字はその省略体である。

では「わらう」ことを意味する「咲」がどうして「さく」という意味に使われているのか。花が開いているさまは、花が笑っているように見える。そこで花が開くのを「花が咲《わら》う」と表現した。それを「花が咲《さ》く」と読んだのである。「咲」を「さく」の意味で用いているのはわが国だけの用法である。

84

「消」

○ショウ
●き・える

そもそも何が「きえる」のか

「消」の字は、何かが「きえる」こと、何かを「けす」ことを意味する。消化は「火（火事）をけす」ことで、消灯は「明かりをけす」こと。では「消」は、もともとは何が「きえる」ことを表した字だったのか。

「消」（旧字は「消」）は、「氵」（さんずい）と「肖」から成る。その「肖」の旧字は「肖」で、それは「小」と「月」に分けることができるが、「小」はちいさいものが散乱しているかたちの象形文字で、「ちいさい」ことを意味する。「月」は空に浮かんでいる月《つき》のことではなく、肉を表している。その「月」はいわゆる「にくづき」で、「肖（肖）」は小さな肉片、わずかな肉片を表しているとする見方がある。

「肖（肖）」には「ちいさい」「すこし」という意味がある。水が引いて少しになり、なくなってしまう、「きえて」しまう。「消」という字はもともとそうしたことを表していたという説がある。

85

「上」

○ジョウ、ショウ
●うえ、あがる

この字は何を表したものなのか

「上」の字は、幼児を除けば、ほとんどの人が知っている。ちなみに「上」は小学校の1年で習うことになっている。「上」は「下」とともにふだんよく使われる字で、「うえ」「かみ」「あがる」などの意味があるが、この字はもともと何を表したものだったのだろうか。

「上」は最古の文字である甲骨文字に登場しており、甲骨文字では横線の上に、点（短い線）を置いた形に書かれている。なお「下」も甲骨文字に登場しており、「下」は横線の下に点を置いた形になっている。横線の上に点をつけることで「うえ」を、横線の下に点をつけることで「した」を表したわけだが、ではその横線は何なのか。

「上」「下」の甲骨文字では、横線が直線的なものもあれば、少し彎曲しているものもある。その彎曲した横線は、見方によると人の掌《てのひら》に見えなくもない。甲骨文字の「上」「下」の横線は掌の形で、掌のうえに点をつけて「うえ」を、掌を伏せてそのしたに点をつけて「した」を表したのだろうという説がある。

86

［乗］

○ジョウ
●のる

何に「のる」ことを表した字なのか

「乗」の字は、何かに「のる」ことを意味する。この字は人があるものにのっていることを表しているが、そのあるものが何であるかおわかりだろうか。

「乗」の古い字形（甲骨文字、金文）では、ひとりの人間が木の上に登っている形に書かれている。そこで「のる」ことを意味することになる。その人間はなぜ木に登っているのか。それは敵の様子などを見張るためらしい。「乗」の古い字形は、人が木に登っているその理由・目的までは表していない。甲骨文に「望乗」という名の人間（族名）が見えるが、その人間は敵の様子をさぐる斥候《せっこう》の任務に当たっていたらしい。

「乗」の古い字形では、「人」と「木」から成っていた。それがのちに、「木に登っている人」のその足が強調され、「乘」と書かれるようになる。「乘」の「北」の部分は人の両足を表している。そしてのちに「乘」は「乗」と書かれることとなった。

87

「色」

○ショク、シキ
●いろ

なぜこの字に「色っぽい」意味があるのか

「色」の字には、「色彩」「カラー」という意味のほかに、「好色」「色情」などの意味もある。「色」はそもそもどちらの意味だったのか。

小学生向けに書かれたある漢字の本では、「色」の字源について、「人と、ひざまずく人の形からでき、人がつながることから、『いろどり』『ようす』を表す」と説明している。この説明では「色」の本当の意味がよくわからない。小学生向けなのでぼかした表現になっているが、「色」の字は、膝をついて座る女性の後ろから男性が抱きついて交わっていること、いわゆる後背位と呼ばれる方法でセックスしているさまを表したものである。

「色」は本来は男女の性交のことであったことから、「好色」「色情」などの意味に用いられ、性交のとき感情が高揚し、高揚した感情は顔に表れるので、「顔色」「顔かたち」の意味に用いられるようになった。そしてさらに「色どり」「いろ（カラー）」などの意味にも用いられることになる。

88
［神］

○シン、ジン
●かみ

「ネ」と「申」で、なぜ「かみ」を意味するのか

「神」の偏の「ネ」は「しめすへん」と呼ばれている。カタカナの「ネ」に似ていることから「ねへん」ともいうが、なぜ「ネ」を「しめすへん」というのか。それはもともと「示」と書いていたからである。「示」の字が速く書くためにくずされた筆書きで「ネ」の形に書かれることから、「ネ」と書くようになった。「ネ」は「示」の変形である。

「神」は旧字では「神」と書いていた。その左側の「示」は神をまつるときに用いる机の象形文字、右側の「申」は稲妻（電光）の形をかたどったもの。神はふだんはよく見えないが、稲妻という形で姿を見せる。古代中国では、稲妻は神が現れる現象と信じられていた。稲妻を表した「申」は、すなわち「かみ（神）」を意味する字であった。

古い字形（金文）では、「申」を「かみ」の意味に用いている。「申」はのちに「もうす」などの意味に用いられるようになった。そこで「申」に「示」を加え、「かみ」を意味する「神」の字が作られた。

89

［唇］

○シン
●くちびる

なぜ「辰」＋「口」なのか

口のまわりの部分を「くちびる」という。古くは「くちひる」といっていたようである。くちびるは、口の縁《へり》である。「口縁＝くちへり」が転じて、「くちひる」→「くちびる」になった。

くちびるは漢字では「唇」と書き、この字は「辰」と「口」からできている。くちびるを意味する漢字だから、「唇」は「口」の字を含んでいる。「辰」はハマグリが貝殻から足をだして動いているさまをかたどったものと考えられているが、くちびるになぜハマグリなのか。

「振」「震」「娠」など、「辰」を含んだ漢字には、「動く」という共通の意味がある。「辰」の字は、ハマグリが貝殻から足をだして動いている形なので、そこから「辰」は「動く」という意味をもつようになったようである。くちびるは、口の動くところ、口の振動するところである。そこで「動く」意味をもつ「辰」を用いて、くちびるを表したわけである。

90

「針」

○シン
●はり

なぜ「十」の字を含んでいるのか

衣服を縫ったりするのに用いる「はり」は、漢字では「針」と書き、「金」と「十」から成る。「十」は数字の「10」を意味する字でもある。その「十」が、どうして「針」の字に使われているのか。

「十」の字は、もともと針の形をかたどった象形文字とされている。甲骨文字では「｜」の形、すなわち1本の縦線の形で表されているが、金文では「」のように書かれている。縦線の真中あたりに、「」が加えられている。それは糸を通す穴を表していると見られている。また金文では「」が短い横線になって、「」と書かれるようになった。

そしてのちにその横線が長くなって、「十」となり、今の形と同じようになった。

「十」は本来は針を表した字であったのだが、それが数字の「10」を意味する字として用いられるようになった。そこで「十」に金属を表す「金」を加え、「はり」を意味する「針」の字が新たに作られた。

91

「進」

○シン
●すすむ、すすめる

なぜ「隹《とり》」なのか

「進」の「隹」は鳥の象形文字である。「鳥」という字も、鳥の形をかたどった象形文字だが、『説文解字』によれば、「隹」は短い尾をもつ鳥の象形文字で、「鳥」は長い尾をもつ鳥の象形文字だという。だがこの説は間違いとされており、「鳥」と「隹」には尾の長短の区別はなく、どちらも同じような姿の鳥の形をもとにした字である。

「進」の「辶」（しんにゅう）は、「道を行くこと」「移動すること」を表し、「進」は「前にすすむこと」を意味するが、この字にはなぜ「隹」の字が使われているのだろうか。

古代の中国には鳥占いの風習があった。鳥の鳴き声や飛び方などによって占ったらしい。鳥占いによって、軍隊を進めたり、退かせたりした。「進」という字はそこから生まれたという説がある。鳥占いによって、軍隊を進軍させることとする。それを表したのが「進」で、そこから「すすむ」「すすめる」という意味になった。

92 「人」

○ジン、ニン
●ひと

ほんとうに2人の人が支え合っている姿を表した字？

「人」という字は、ふだんよく使われている漢字の1つである。「人」は「ひと」を意味する漢字だが、どうして「ひと」は「人」という字で表されているのか。

人間はひとりでは生きていけない。助け合い、支え合って生きるのが人間である。そこで「ひと」を意味する漢字の「人」は2人の人間が支え合っている形になっている。そんな話を聞いたり、あるいはそんな文章を目にしたりしたことはないだろうか。

「人」という字は見方によれば、2人の人間が互いに支え合っているように見えなくもないが、「人」の古い字形（甲骨文字、金文）を見れば、それが誤りであることがわかる。

甲骨文字では、人は「」の形に書かれている。それは人間を側面から見た形で、左に突きでている部分が腕・手を表しており、縦の曲がった線が頭部・胴体・脚を表している。少し前屈《かが》みの姿に書かれているが、金文にはさらに前屈みの姿の字形が見られる。古い字形の「人」はどことなく寂しげな感じがするが、あなたにはどう感じられるだろう。

93

［尋］

○ジン
●たずねる、ひろ

なぜ「たずねる」ことを意味するのか

「尋」という字があり、「たずねる」という意味に用いられている。この字は「左」と「右」を組み合わせたものだが、「尋」のどこに「左」「右」があるかおわかりだろうか。「左」と「右」から成るといっても、そのままの形で使われているわけではない。

「尋」のもとの字（旧字）は、「尋」で、それは「彐」と「工」と「口」と「寸」に分解することができる。その「彐」と「工」を組み合わせると「左」になり、「口」と「寸」を組み合わせると「右」になる。

「尋」は「左」と「右」を合わせた会意文字で、左右の手を横に伸ばした（ひろげた）その端から端までの長さを意味する。日本語ではその長さは「ひろ」（尋）と呼ばれており、1尋《ひろ》は6尺（約1・8メートル）、または5尺（約1・5メートル）とされている。

「尋」には「たずねる」という意味があるが、それは左右の両手を広げてものの長さを測るところから、転じて「たずねる」「さぐり求める」という意味に用いられるようになった。

94 ［正］

○セイ、ショウ
●ただしい

なぜ「ただしい」ことを意味するのか

正当・正式・正解などの熟語を成している「正」は、「ただしい」ことを意味する。ではどうしてこの字が、そうしたことを意味するのだろうか。

「正」の字は、「一」と「止」からできている。「正」の古い字形（甲骨文）には、その「一」が、「口」や「〇」の形になっているものがある。すなわち「正」は、古くは「口」＋「止」と書かれていた。

その「口」は、城壁で囲まれた集落を示しており、のちに「一」で表すようになった。「止」は人の足跡を表した象形文字で、「口」（↓一）＋「止」は、城壁に囲まれた集落に向かって人が歩いていることを示しており、人が向かっていくのは攻撃するためである。

すなわち「正」の字は、攻撃し、征服することを意味する字であった。ではそれがどうして「ただしい」という言葉になったのか。それは征服し支配することは強者にとっては正義とされていたからという。そこで「正」は「ただしい」という意味になった。

95

「声」

○セイ、ショウ
●こえ

それは本来は何の「こえ」だったのか

人が話す声、虫の声、風の声、民衆の声……いろいろな声がある。「声」の字は、もともとは何の「こえ」を表したものだったのだろうか。

「声」は旧字では「聲」と書き、旧字には「耳」の字が含まれている。その字を含んでいるのは「聲」の字が、何かの音を「耳」で聞いていることを示している字だったからである。それは何の音なのか。

中国古代の楽器の1つに、石や玉でつくった「へ」の字形の打楽器があった。台に吊して打ち鳴らすもので、その楽器は「殸《けい》」あるいは「磬《けい》」と呼ばれた。

「声」の旧字の「聲」の「声」は、その打楽器を吊した形で、「殳」は楽器を打つための棒を手にもった形であり、「殸」は楽器を棒で打って鳴らしていることを表している。それに「耳」を加えたのが「聲」で、耳に聞こえるその打楽器の音を表したのが「聲」の字である。「声」（聲）はもともと人の声ではなく、楽器の声（音）のことであった。

96

［星］

○セイ、ショウ
●ほし

「日」（太陽）から「生まれた」ので「日」＋「生」？

夜空に輝く無数の星。日（太陽）・月とともに「三光」と呼ばれている。漢字の「日」は太陽の形の象形文字、「月」も同じように象形文字である。では「星」は？「星」は「日」と「生」からできているが、その2つの字はいったい星の何を表しているのか。

「星」＝「日」＋「生」は、「日から生まれる」と読めなくもない。古代の中国人は、星は日（太陽）から生まれたものと考えていたのだろうか。そこで「日」＋「生」から「星」という字ができたと思っている人もいるかもしれないが、それは誤解である。

「星」の上部の「日」は太陽の意味ではない。「星」の古い字形（甲骨文字）には「日」が3つ「晶」のように書かれたり、「口」（四角形）が4つ、あるいは5つ書かれているものがあり、それは星が多数あることを表している。「星」の「日」は「ほし」を意味しており、「生」はこの字の発音を表している。古くは「晶」＋「生」＝「曐」と書かれていた。それが略され「星」になった。

97

「丼」

○セイ、タン
●どんぶり

なぜ井戸の「井」と似ているのか

食べ物を盛る深くて厚い陶製の鉢のことを「どんぶり」といい、漢字では「丼」と書く。だがこの「丼」の字は、本来はそういう意味の字ではない。「丼」は中国で作られた漢字だが、中国では「どんぶり」という意味には使われていない。

「丼」に似た「井」という字がある。「井戸《いど》」「天井《てんじょう》」の「井」である。この「井」の字は井戸の上に「井」の字の形に組んで載せた縁《ふち》の木、すなわち井桁《いげた》の形をかたどった象形文字で、「井戸」を意味する。

「丼」は「井」の異体字である。井戸のことを「丼」とも書いたのである。「丼」の中央の点は、井戸のなかに水を汲むためのつるべがあることを表しているという説がある。

「丼」はもともとは「井戸」を意味していた。それを「どんぶり」の意味に用いているのは日本での用法である。井戸のなかに水を汲むためにつるべを投げこむ。すると「ドンブリ」と音がする。そこで「丼」は「どんぶり」の意味に使われるようになった。

98 「切」

○セツ、サイ
●きる

なぜ「七」の字を含んでいるのか

切断・切開などの「切」の字は、刃物などで「きる」ことを意味する。その「切」は「七」と「刀」に分解することができる。「七」は数字の「7」を表す字として用いられているが、どうして「きる」ことを意味する「切」に、「七」の字が使われているのか。

「七」という字は、古い字形（甲骨文、金文）では、「10」を意味する現在の漢数字の「十」に似た形に描かれていた。その古い字形が何を表したものかについては、左右に走る横線を上下の縦線で真中から断ち切ることを表しているとか、切断した骨の形であるとする説がある。

「七」の字は本来は「きる」ことを意味する字であった。ところがこの「七」の字はのちになり、数字の「7」を意味する字として専用されるようになった。そこで「七」がもっている「きる」という本来の意味を表すために、「七」に「刀」を加えて「切」の字が作られた。

99
「雪」
○セツ
●ゆき、すすぐ

下半分の「ヨ」は何を表しているのか

雪は雲の内部で作られた氷の結晶が大きくなって地上に降ってくるものであり、白いもののたとえとしてよく用いられ、また降る雪は花にもたとえられる。「雪」は「雨」と「ヨ」からできている。その「雨」は部首では「あめかんむり」と呼ばれており、部首の「雨」は天候や気象に関係したことを表す。では「雪」の下半分の「ヨ」はいったい何なのか。「雪」の古い文字（甲骨文字）では、「ヨ」の部分が「」のような形に書かれているものがある。それは鳥の羽《はね》をかたどったものと考えられている。古代の中国人は空から舞い降りる雪片を鳥の羽に見立てたわけである。

ところが篆文では、その「雨」＋「羽」の字の「羽」の部分が「彗」という字に置き換えられることになる。その「彗」は「ほうき」を意味し、雪が降り地上を白くはき清めることから、「雨」と「彗」から成るその字は「ゆき」の意味を表しているという説がある。そして「彗」の上部が略され、「雪」という字ができた。

100

「川」

○セン
●かわ

どうして3本線なのか

3人が並んで寝ているさまを「川の字になって寝る」と表現したりする。「川」の字は3本の線によってできているので、3人が並んで寝ている姿を少し離れたところからながめてみると、「川」の字に見える。

ところで「川」はなぜ3本線なのだろうか。「川」の字は、川の象形文字とされている。すなわち川の形をかたどった文字である。では「川」はいったい川の何を表しているのか。「川」はもっとも古い字形である甲骨文字にあり、甲骨文字では「」のように書かれていた。そのうちの左右の2本の線は直線ではなく、ゆるやかにカーブしており、中央の線は点線になっている。その左右の2本線は川の両岸を表しており、中央の点線は流れる水を表していると考えられている。それが金文では中央の点線が左右の線と同じくなり、「」のような字形になる。その後、それぞれの線が直線化して、現在用いられている「川」の字ができた。

101 [双]

○ソウ
●ふたつ

何が「ふたつ」なのか

双眼鏡・双子《ふたご》・双方などの「双」は、対《つい》（ペア）をなしている「ふたつ」を意味する。双眼鏡は左右ふたつの眼で見る望遠鏡だから、「双」の字が使われている。

「ふたつ」を意味する「双」は、もともとは何が「ふたつ」であることを表した字だったのか。「双」の「又」は手の形で、「双」は手をふたつ並べた形になっているが、「双」の字は、ある字を略したものである。そのある字とは「雙」である。

「隻」という字がある。「隹」と「又」（＝手）から成る字で、隹《とり》（＝鳥）を手でつかんでいることを表した字である。手にしている鳥は1羽なので、「隻」は「ひとつ」という意味に用いられるようになる。

「隻」の上部にさらに「隹」を加えた「雙」という字がある。この字は2羽の鳥を手にしていることを表しており、2羽の鳥から、「ふたつ」という意味になった。「雙」を略したのが「双」なので、「双」の「ふたつ」はもとは2羽の鳥のことであった。

102

「葬」

○ソウ
●ほうむる

なぜ「草」が上下にあるのか

遺体や遺骨を墓におさめることを「ほうむる」といい、漢字では「葬」と書く。その「葬」の字の真ん中に「死」の字があり、上と下に「草」を意味する「艹」「廾」がある。「葬」は「死」が「草」にはさまれた形になっている。なぜ「草」なのか。

「葬」の「死」は、「歹」と「匕」からできている。「歹」は亡くなった人の骨を表した字である。古い字形（甲骨文字）では、その死者の骨のそばに、膝をついて拝んでいる人が書かれている。「匕」はその人を表している。

古代の中国では、人が亡くなったとき、すぐに埋葬するということはしなかったという。亡くなると、遺体を草むらにしばらく置いておいた。そうするとやがて風化して骨だけになる。その骨に対して礼拝する。「葬」の字は一説に、そのことを表しているという。それはいわば仮の埋葬であり、草むらのなかで風化した骨はのちに拾って、きちんとほうむったそうである。

103

「即」

○ソク
●つく、すなわち

なぜ「ただちに」という意味があるのか

その場ですぐのこと、あるいは手間をかけないことを「即席」という。即席ラーメンといえば、その場ですぐに作ったラーメンのことだが、「即」の字は食べ物（料理）と深い関係がある。

「即」のもとの字は「卽」で、左側の「皀」（艮）は、食べ物が器に盛られている形を示している。右側の「卩」はひざまずいている人を横から見た形で、「即」は食べ物の前に人がひざまずいているさまを表している。その人間は食事の席について、これから食べようとしている。そこから「食事の席につく」ことを意味し、さらに「くっついて離れない」「ただちに」「すぐに」などの意味に用いられるようになった。

「即」と同じく「艮」を含んだ「既」という字があるが、「即」と「既」は兄弟の関係にある字である。「既」は食べ物を前に、ひざまずいて後ろを向いている人の形で、食べ終ったことを表している。そこから「既」は「おわる」「すでに」などの意味になった。

104

「多」

○夕
●おおい

いったい何が「おおい」のか

「多」という字は、「おおい」こと、「ものがたくさんある」ことを意味する。ではこの字はそもそも何が「おおい」ことを意味していたのだろうか。

「多」は「夕」を2つ重ねた形をしている。「夕日《ゆうひ》」「夕暮《ゆうぐ》れ」「一朝一夕《いっちょういっせき》」などの「夕」は、三日月の形をかたどったもので、「日の暮れがた」を意味する。『説文解字』は「多」は「夕《ゆうべ》を2つ重ねることで、おおいことを意味する」と説明している。この解釈は間違っている。

「多」の「夕」は、「夕暮れ」の「夕」ではない。その「夕」は、肉をかたどった字であり、「多」は「夕」＝肉を2つ重ねたもので、2つ重ねることで「おおいこと」「たくさんあること」を意味したわけである。

お祭りの際、動物（犠牲《いけにえ》）の肉を神にお供えした。「祭」の左上の「夕」は肉を意味しているが、「多」はそのお供えの肉が「おおい」ことを表した字であった。

105

「太」

○タイ、タ
●ふとい

下部の「丶」は何を表しているのか

「ふとい」ことを意味する「太」は「大」の字に似ている。「大」は手足を広げて立つ人間を正面から見た形をかたどった象形文字である。「太」は「大」の下部に点（「丶」）があるが、その点はいったい何なのか。

「やすらか」「ゆたか」「おおきい」などの意味をもつ「泰」という字があり、泰平・安泰・泰然自若などの熟語を構成している。その「泰」の古い字形（篆書）では、「大」の下に「両手」があり、さらにその下に「水」がある形になっている。それは何を表しているのか。

一説に、水中に落ちた人を両手で救《すく》い上げていることを表しているという。命が救われる。そこから「泰」は「やすらか」という意味になり、また「ゆたか」「おおきい」「はなはだしい」などの意味にも用いられるようになった。

「太」の字は「泰」の略字とする説がある。「泰」の下部の「氺」は「水」の変形である。したがって、「太」の点は「氺」（水）の省略形ということになる。

106

［短］

○タン
●みじかい

「矢」と「豆」でなぜ「みじかい」のか

みじかいことを表現するとき、あなたは何によって表すだろうか。たとえば距離がみじかいことを「歩いていけるほどみじかい」と表現する人がいるかもしれない。

「みじかい」ことを意味する「短」という漢字がある。「短」は「矢」と「豆」に分解することができる。昔の中国人は「矢」と「豆」で「みじかい」ことを表したわけだが、どうして「矢」と「豆」で、「みじかい」という意味になるのか。

「矢」は矢の象形文字、「豆」は食物などを盛る木製の器であるたかつきの象形文字である。その「矢」と「豆」から成る「短」の字源については諸説あるが、その1つに次のような説がある。ものの長さ（長短）を弓の矢で測ることがあったらしい。「豆」＝たかつきは、脚が高く（長く）、頸《くび》の部分がみじかい食器であり、「短」の字では「豆」は「みじかい」ことを意味していて、「短」は矢としてはみじかい矢であることを表しており、そこから「みじかい」という意味になったという。

107 「男」

○ダン、ナン
●おとこ

田んぼで力仕事をするので、「田」＋「力」＝「男」？

「男」は「田」と「力」からできている。その「男」の字を「田んぼで力仕事をする者」という意味として解釈している人がいるようだが、あなたはどうだろうか。『説文解字』も同じような解釈をしており、この字書には「『男』という字は『田』で『力《ちから》』を用いることをいう」とある。だがこの解釈は間違っている。『説文解字』は「力」の字を、人の筋肉が盛りあがった形としているが、それは田畑を耕すのに用いる「耒《すき》」の形をかたどったものと考えられている。古い字形（甲骨文字）では、「男」の「力」の部分はカタカナの「メ」に似たような字になっており、「耒」の形といわれれば、なるほどそのように思える。

「男」という字は意味の上からは、「田」と「耒」から成る字で、もともとは耒で田を耕すことを表していて、のちに「おとこ」の意味に用いられた。そして耒は「力」という字で表されるようになり、田を耒で耕すには「ちから」がいる。そこで「力」は「ちから」という意味をもつようになった。

108 「恥」

○チ
●はじ、はじる

「耳」と「心」で、なぜ「はじる」のか

自分の欠点や過失を意識して、ひけめやためらいをおぼえることを表す「はずかしい」という言葉（形容詞）がある。漢字では「恥」と書くが、その「恥」の字は「耳」と「心」からできている。「はずかしい」とは、すなわち心の動きである。だから「恥」に「心」があることに疑問は生じないが、「耳」には疑問をもつ人がいるかもしれない。

なぜ「耳」なのか。「恥」の字源については、いくつかの説がある。

耳は音を聞くための器官だが、心の状態がそこに現れることがある。はずかしさを感じると耳が赤くなったりする。そこから「耳」と「心」で、「はじ」「はじる」ことを意味する「恥」の字ができたという説がある。

これに対し、「恥」の「耳」は、「恥」の字の発音を受けもっており、また「耳」は「(耳のように)やわらかい」ことを意味していて、「恥」は心がやわらかくなっていじけることを表しており、「はじる」ことを意味するという説がある。

109

「遅」

○チ
●おそい、おくれる

「羊」の字が使われているのは、羊の歩みが「おそい」から？

決められた時刻におくれることを「遅刻《ちこく》」といい、進み方がのろのろしているさまを「遅々《ちち》」と表現する。その「遅」の字のなかには「羊《ひつじ》」の字がある。「遅」は「おそい」「おくれる」という意味をもっているが、それらの意味と羊とのあいだにはどんな関係があるのか。「おそい」ことを意味する字に、なぜ「羊」が使われているのか。

「遅」の旧字は「遲」という字形であった。「遲」を略したのが「遅」である。「遲」の字の右側の「犀」は動物の「さい」を意味する字である。旧字では「犀」だったのに、それが略されて、「尸」の下の部分が「羊」になったわけである。したがって「遅」の「羊」は「ひつじ」の意味ではなく、ひつじとは関係ない。

その昔、中国にも犀がいたようで、その角は薬用に、皮は甲冑の材料に用いられた。

「遲」（遅）の字源については、「辶」＋「犀」で、犀のようにゆっくり進むことを表しており、「おそい」「おくれる」という意味になったという説がある。

110

「置」

○チ
●おく、すえる

そもそも何を「おく」のか

「置」は「おく」「すえる」「もうける」などを意味し、その熟語には「配置」「処置」「位置」「装置」「放置」「安置」などがあり、それらの「置」はいずれも「ち」と発音する。「置」は「罒」と「直」からできており、「直《ちょく》」が「ち」の音に変わり、「置」の発音を表している。「置」の上部の「罒」は、一見、「目」を横にした字のように見えるかもしれないが、それは「目」ではない。

古い字に「网《もう》」というのがある。網《あみ》の形をかたどった象形文字で、「置」の上部の「罒」はその変形であり、部首としては「あみがしら」と呼ばれている。「置」の「罒」は網を意味し、下部の「直」は「ち」という音を表すとともに、「植」に通じて、「立てる」ことを意味する。すなわち「置」は網を立てかけておくことを表した字であり（その網については、一説に鳥を捕らえるかすみ網だという）、そこから「おく」「すえる」といった意味になった。

111

「中」

○チュウ
●なか、うち

「中」は象形文字。ではそれは何の形なのか

部首名に「|」（たてぼう）というのがある。「まんなか」「ものとものとのあいだ」「うち」などを意味する「中」の字は、この部首のなかに入っている。漢和辞典では「中」は象形文字とされている。では「中」は何の象形文字なのか。

「中」の字を見て、あなたははたして何を連想するだろうか。「中」は竿《さお》の中央に標識をつけた旗（軍旗）をかたどった字と考えられている。「中」の古い字形（甲骨文、金文）には、竿の上下に吹き流しをつけた形のものもあった。

古代中国（殷《いん》王朝）の軍隊は左軍・中軍・右軍の3軍で編成されていて、中央の軍の将が元帥（統率者）として全軍をまとめ、指揮したという。そして中央の軍には軍旗が置かれていた。その軍旗をかたどったのが「中」である。

軍旗をかたどった「中」はもともとは「旗」（軍旗）を意味していたが、その軍旗が中軍に置かれる旗であることから、「中」は「まんなか」「うち」という意味になった。

112

「朝」

○チョウ
●あさ

「あさ」になぜ「月」なのか

「あさ」を意味する「朝」の字には、「月」がある。朝《あさ》という言葉から、まず連想されるのは太陽（日の出）であろう。それなのにどうして「朝」の字は「月」を含んでいるのか。

「朝」の左側の「日」は太陽を表している。その上下に10を意味する漢字の「十」に似た字があるが、それは草を表している。草や植物を示す「艹」（くさかんむり）は、旧字では中央で2つに分け「𠂉」と書く。「日」の上下にある「十」は、「艹」を「日」をはさんで縦にしたものである。

「朝」の左側の「𠦝」は、草のあいだに太陽がでていること（草のあいだから太陽がのぼっていること）を表している。太陽は東からのぼってくるが、太陽がでてきたころ、西の空にはまだ月が残っている。「朝」の右側の「月」はそのことを表している。

月には夕方・夜のイメージがあるが、のぼってくる太陽だけではなく、夜が明けてもまだ空に残っている残月も加えて、「夜明け」＝「あさ」を表したわけである。

113

［泥］

○デイ
●どろ、なじむ

「尼《あま》」とどんな関係があるのか

出家して仏門に入った女性のことを「あま」といい、漢字では「尼」と書く。「泥」の字はその「尼」と「氵」（さんずい）から成っている。「泥」は「どろ」、すなわち「水が混じって柔らかくなった土」を意味する。「泥《どろ》」に「尼《あま》」がどのように関係しているのか。

「あま」（出家した女性）を漢字で「尼」と書くのは、比丘尼《びくに》からきている。出家して仏門に入った女性のことをサンスクリット語（古代インド語）でビクシュニーといい、その俗語のビクニーの音を写して比丘尼と漢訳した。そこから「尼」は「あま」の意味に用いられるようになった。

だが「尼」という字にはもともと「あま」という意味はなかった。「尼」は「尸」と「匕」から成り、人が2人前後にもたれあっていることを表しており、「親しみなじむ」ことを意味する。「泥」の「尼」はその意味である。土に水が混じり、水となじんで軟らかくなる。すなわちどろになる。それを表したのが「泥」の字である。

114 「電」

○デン
●いなずま

下部の「电」は何なのか

電流・発電・電灯などの「電」は、いわゆる電気（エレキ）を意味している。だが「電」の字はもともとはエレキを意味する字ではなかった。

「電」は「雨」と「电」に分けることができる。「雨」は天から降る雨の象形文字で、「あめかんむり」として、雲・雪・霧など、雨や天候に関係した漢字に使われている。

「電」の下部の「电」は、「申」の字の変形である。「電」の古い字形（金文）では、「雨」の下は「申」となっている。その「申」は稲妻の形をかたどった象形文字である（「神」の項を参照、101ページ）。

「申」は今日ではもっぱら「もうす」という意味に用いられている。「申」の字はもともとは稲妻を表していたのだが、「もうす」という意味に用いられるようになったので、「申」に「雨」を加えることで、稲妻を表した。そして「申」の字が「电」に変形し、「電」の字ができ、のちに今日のように「電気」（エレキ）の意味に用いられるようになった。

115

「鮎」

○デン、ネン
●あゆ、なまず

なぜ「占」＋「魚」なのか

「鮎」の字は、わが国では「あゆ」の意味に用いられている。だがもともと中国では「なまず」を意味する字であった。

神功皇后がアユを釣って戦運を占ったことや、神武天皇が即位する際にアユを使って占いを行なったことが『日本書紀』に記されている。そうした故事にちなんで、「占」と「魚」から成る「鮎」を「あゆ」の意味に用いたという。またそれらの故事をもとに、アユを「占」＋「魚」と表記するようになったとの説もあり、この後者の説によれば、「鮎」の字は日本で作られた国字ととらえることもできる。

「鮎」は「占」と「魚」から成る。「占」が音を表しており、「占」＝「せん」の音が「鮎」の字では「でん」「ねん」に変化している。またその「占＝でん・ねん」が「粘＝でん・ねん」に通じ、ねばりつくことを意味している。ナマズは表皮がぬめぬめしている。ねばついている。それを「占」で表したわけである。

116

［努］

○ド
●つとめる

そもそも何に「つとめる」のか

「努」は「奴」と「力」からできており、「奴」が「努」の字の「ど」という発音を成している。力を入れてつとめることを努力という。「努」には「つとめる」「はげむ」という意味があるが、もともとは何に「つとめる」ことを表した字だったのだろうか。

「努」の「奴」は、「女」と「又」に分けることができる。「又」は手の形をかたどったもので、「奴」は女を手で捕らえることを表しており、戦争などで捕らえられた女性を意味していたようである。そうした女性は奴隷とされたので、「奴」は「しもべ」「召し使い」の意味になった。

「努」は「奴」に「力」を加えたもので、「力」は田を耕すときに用いる耒《すき》の形をかたどった字である。耒を用いて田を耕すには「ちから」がいる。そこで「力」は「ちから」という意味になったが、「奴」＋「力」＝「努」の字は奴隷《しもべ》が農耕にはげんでいることを表しているとされている。そこから「つとめる」「はげむ」という意味に用いられるようになった。

117

「東」

○トウ
●ひがし、あずま

この字の部首はなぜ「木」部なのか

漢字の辞書で、字の分類・配列の目印となる文字の構成部分を「部首」といい、字をさがすときの手がかりとなる。

「東」という漢字がある。この字の部首は何かご存じだろうか。漢和辞典はたいてい部首別になっているが、「東」は辞典では「木」部（きへん＝木偏）に入っている。それはなぜなのか。「東」は「木」＋「日」から成るという説がある。「東」が「木」部に入っているのはこの説によるが、だがこの説は現在では否定されている。

「東」の字源については、両方に口のある袋に物を入れて、両方の口をくくった形の象形文字という説があり、この説が正しいとされている。「東」はもともとは袋を意味していた。ところが「東」の「とう」という発音が、日の昇る方角（＝ひがし）を意味する「とう」という発音と相似するところから「東」は「ひがし」の意味に用いられるようになったという。

118
「島」

○トウ
●しま

どうして「鳥」という字と似ているのか

四方が水で囲まれた小さな陸地を「島」という。この「島」なる字は、空を飛ぶ「鳥」と、字の形がたいへんよく似ている。似ているのには、何かわけがあるのだろうか。

「鳥」という字は、鳥の姿をかたどったものである。「鳥」の字の下にある4つの点、「灬」については羽と足を表している、尾を表している、足を表しているなど、いくつかの説がある。ちなみに「馬」の字にも「灬」があるが、その4つの点は4本の足を表している。

「島」の字は「鳥」の省略形と「山」から成る。古い字形（篆文）では、「鳥」の下に「山」をつけた形になっていた。

「島」の字源については、一説にその「山」は海のなかの山で、その山に「鳥」がいることを表しているという。海中に突きでた山で、渡り鳥が羽を休めたりする。それを表したのが「島」だというのである。「島」と「鳥」が似ているのにはそんなわけがあった。

119

［盗］

○トウ
●ぬすむ

その「皿」は何を意味しているのか

「ぬすむ」ことを意味する「盗」の字は、「次」と「皿」から成り、旧字では「盜」と書く。「次」の「欠」は口を開けて立っている人を横から見た形で、「氵」（さんずい）は水を表す。すなわち「次」は人が口を開けて、よだれを垂らしていることを表している。皿に食べ物が盛られているのを欲しがり、よだれを流す。「盜」（盗）はそのことを表しており、そこから「ぬすみ食う」→「ぬすむ」という意味になったという。

右の字源説に対し、「盗」の「皿」を「血」とする説もある。この説によれば、「次」は口からよだれを垂らしている形だが、「皿」はもともと「血」であったという。「血」は皿のなかに血（血液）があることを表した字で、犠牲《いけにえ》の動物の血をすすり合って誓いを結ぶことを血盟《けつめい》という。「盗」は血盟のときに皿のなかの血によだれを垂らすことを表しているという。よだれを垂らすことは血盟を汚し、血盟にそむくことを意味する。「盗」はもともとは叛逆者《はんぎゃくしゃ》を意味し、のちに「盗人《ぬすびと》」、そして「ぬすむ」ことを意味するようになった。

120

「頭」

○トウ、ズ
●あたま、かしら

「あたま」になぜ「豆《まめ》」なのか

「頭」の字は「豆」と「頁」からできている。「豆」には「まめ」の意味があり、ダイズ、アズキ、エンドウなどを総称して「まめ」という。「頭」は首から上の、いわゆる「あたま」を意味するが、どうして「頭」の字のなかに「豆」があるのか。

「豆」という字は、たかつきの形をかたどった象形文字である。たかつきは、脚の高い食器で、儀式のときに食べ物などを入れる器として用いられた。「豆」の字は、本来はダイズやアズキなどの「まめ」とは無関係であった。のちに「豆」は「まめ」の意味に用いられることになるが、それは「豆《とう》」がアズキを表す「荅《とう》」と音が通じることによる。

「頭」の右側の「頁」は、ひざまずいた人間の頭部を強調して大きくした形をかたどった象形文字で、「あたま」を意味する（56ページ参照）。器の豆（＝たかつき）は、首の上に頭がある人間の頭部に似ている。「豆」と「頁」から成る「頭」はたかつきのように、首の上に頭が立っていることを表しており、「あたま」を意味する。

121

「道」

○ドウ、トウ
●みち

どうして「みち」に「首」があるのか

道は人や車などが往来する場所である。では「道」という字には、どうして「首」があるのだろうか。

「道」の字は、もとは「辵」と「首」からできていた。「辵」は「移動する」ことを表す「彳」と「足」や「歩く」ことを表す「止」を組み合わせたもので、「道を行く」ことを意味する。「道」の左側の「辶」(しんにゅう)は「辵」を略したもの。「首」は人の首の象形文字である。

「道」の古い字形(金文)には、「辵」と「首」に、「手に取る」ことを意味する「又」が加えられているものがあり、それは首を手にもっていることを表している。古代中国では、異族の住む土地に行くとき、異族の生首をたずさえ、生首のもつ霊力によって、道にいる悪霊を祓《はら》い、進んでいくということが行なわれていたという。だから「道」には「首」があるわけである。これは漢字研究のオーソリティー、白川静氏の知る人ぞ知る説である。

122

［得］

○トク
●える、うる

そもそも何を「える」のか

「得」という字は取得・獲得などの熟語を構成しており、「える」「うる」（自分のものにする、手に入れる）ことを意味する。では「得」はもともとは何を「える」ことを表したものだったのだろうか。

答えを先にいえば、それは「貝《かい》」である。

「得」の古い字形（甲骨文、金文）では、「彳」と「貝」と「又」を組み合わせた形になっている。「彳」は「ゆく」「あるく」「移動する」ことを表す字で、「行」「往」「径」などの漢字を成している。「貝」は子安貝《こやすがい》で、この貝は昔は貨幣として、また宝ものとして用いられた。「又」は右手の形をかたどった象形文字である。

「得」のもとの字（「彳」＋「貝」＋「又」）は、どこかへ出かけて行って貝（財貨）を手に入れることを表している。そこで「える」ことを意味することになる。そして転じて、「理解する」「悟る」「満足する」などの意味にも用いられている。

123

［毒］

○ドク
●そこなう、どく

どうしてこの字のなかに「母」がいるのか

「毒」という字は「母」を含んでいる。毒と母とのあいだにはどんな関係があるのか。何ゆえ母は毒なのか。

「毎」という字があり、この字も「母」を含んでいる。「毎」の「母」の上の字は簪《かんざし》を表している。「毎」は髪に簪をさして正装し、祖先に対する祭りをとり行なっている女性（母）の象形文字である。祭りのとき母は仕事に精をだす。そこで「毎」は「いそしむ」「努《つと》める」という意味に用いられ、のちに「〜するごとに」という意味に転用された。

「毒」も「毎」と同じように、簪をさして祖先に対する祭りに従事している女性（母）を表している。「毎」の「母」の上にある簪は1本だが、「毒」の「母」はたくさんの簪をさしている。本来は1本でよいのに、たくさんつけるのは、いわゆる厚化粧であり、祭りの場にはふさわしくない。そこでもともと「手厚い」という意味に用いられていた「毒」は、「好ましくない」「そこなう」→「悪い」「どく」という意味になった。

124 「独」

○ドク
●ひとり

「犭」と「虫」で、どうして「ひとり」を意味するのか

独身・独立の「独」は、「ひとり」を意味する。「犭」（けものへん）は「犬」あるいは「獣」を意味しているが、「犭」と「虫」でどうして「ひとり」を意味することになるのだろうか。

「独」は旧字では「獨」と書く。「獨」がもとの字で、「独」はそれを簡略化したものである。では「獨」の「蜀」は何を表した字なのか。

「蜀」の字源については、いくつかの説がある。1つの説では、「蜀」は青虫あるいは芋《いも》虫の象形文字であるという。それらの虫は木や草の葉にとりついて離れない。「獨」の「蜀」は「くっついて離れないこと」を意味しており、「犭」と「蜀」で犬が1つの場所を守って離れないことを表している。そこから「ひとり」の意味になったという。

「獨」の「蜀」はオスの獣の象形文字という説もある。この説によれば、「獨」の字は連れ合いのないオスの獣を表しており、連れ合いがいないことから「ひとり」の意味になった。

Column

「一ケ月」の「ケ」の正体

「一ケ月」と書いて「いっかげつ」と読み、「卵六ケ」と書いて「たまごろっこ」と読む。それらの「ケ」は数を意味しており、「か」「こ」という読み方をするが、「三ケ日《さんがにち》」の場合には、「が」と濁って読む。

「一ケ月」「卵六ケ」の「ケ」は、片仮名の「ケ」と同じように書かれているが、それはいったい何なのか。漢字なのか、記号なのか、それとも片仮名の「ケ」なのか。

ものを数えるときに使われる漢字に「箇」があり、「三箇所《さんかしょ》」「五箇条《ごかじょう》」などのように用いる。「箇」は「竹」と「固」から成り、一説に竹札《たけふだ》を意味する字で、もとは竹を数える助数詞として用いられていた。「箇」は「か」「こ」と読む。「一ケ月」「卵六ケ」の「ケ」は、一説に「箇」を略したものという。すなわち「箇」の上部の「竹」の一方だけを取って、それを「ケ」と書くようになり、「箇」が「か」「こ」と音読みするので、「ケ」も「か」（濁って「が」）「こ」と読む。

「个」という漢字があり、「か」「こ」と音読みする。この字は「箇」の略字とされている。「一ケ月」「卵六ケ」の「ケ」は、「个」が変化したものという説もある。

数を表す「ケ」は、片仮名の「ケ」と同じように書かれている。片仮名の「ケ」は「介」という漢字をもとにつくられたもので、数を表す「ケ」は片仮名の「ケ」とは別のものである。

第3章

「暮」になぜ「日」が2つもあるのか

ナ行～ワ行

125

「内」

○ナイ、ダイ
●うち、なか

なぜ「人」がいるのか

内外・内側・内部の「内」は、「うち」を意味する。「外」が「そと」で、その反対を意味するのが「内」である。だが字の成り立ちのうえからは、「内」と「外」は共通点はない。「外」は占いから生まれた字だが（25ページ参照）、「内」は占いとは関係ない。

「内」の字には、「人《ひと》」（人間）に似た字が含まれている。どうして「人」がいるのか。じつはそれは「人」ではない。「内」の旧字は「內」で、旧字では「人」ではなく「入」であった。「内」はいわゆる新字体である。新字体では「入」が「人」に改められており、「内」の字の本来の意味がわかりにくくなっている。

旧字の「內」を構成している「入」は、家屋の入口の形の象形文字と考えられており、「いる」「はいる」ことを意味する。「內」は、家屋の入口の形である「入」に、屋根の形である「冂」を加えたもので、屋根のある家屋の入口を表している。そこからなかに入るので、「内」（內）は「うち」「なか」の意味になった。

126

「日」

○ニチ、ジツ
●ひ

まんなかの横線は何を意味しているのか

日光、日没などの「日」は太陽を意味する。その「日」という字は、太陽をかたどった文字（象形文字）であり、最古の文字である甲骨文字に登場している。

太陽は丸く見える。昔の中国人にも丸く見えていたはずである。ところが甲骨文字では角形（四角形）になっている。甲骨文字は亀の甲羅や牛や鹿などの骨に刻まれている文字だが、それらに丸形に刻むのはなかなかむずかしい。そこで角形に刻んだらしい。ちなみに甲骨文字より新しい金文では、太陽は丸い形に表されている。

ところで「日」の字には、まんなかに横線が1本入っている。それはいったい何を意味しているのか。甲骨文字や金文などの古い字にも、まんなかに1本の線、あるいは1個の小さな点がある。「日」のなかの横線――それは、太陽がなかが空《から》のたんなる輪ではなく、ちゃんと中身があることを示すためのものという説がある。中国の神話では太陽のなかに3本足のカラスがいるとされているが、そのカラスを表したものとの説もある。

127
「年」
○ネン
●とし

この字はなぜ「とし」を意味するのか

「年」の字は、今日ではもっぱら「とし」の意味に用いられており、年《とし》のはじめを「年始」、年齢《とし》が上であることを「年長」という。ところが漢和辞典で「年」を引いてみると、「穀物の実《みの》り」「収穫」という意味ものっている。じつはそれが「年」の字の本来の意味である。

「年」の字は甲骨文字にすでに登場しているが、その甲骨文字では、「禾」を「人」が背の上に、あるいは頭の上にのせている形に書かれている。「禾」は稲などの穀物の穂が垂れているさまの象形文字であり、「禾」と「人」から成るその甲骨文字が、何を表しているのかについては、実った穀物を人が背負っていることを表しているという説や、禾の形をした被《かぶ》りものをかぶって、神に豊作を祈る人を表しているという説がある。

「年」は「禾」と「人」から成る会意文字だが、甲骨文字では「穀物の実り」「収穫」を意味していた。穀物の収穫は1年に1度であるので、「年」はやがて「とし」の意味に用いられるようになった。

128 「念」

○ネン
●おもう

どんな「おもい」なのか

念・思・惟・意・想・憶・懐の7つの漢字に共通するものは、何かおわかりだろうか。どの字にも「心」がある（惟と憶と懐の「忄」は「心」の字の変形である）。そしてどの字にも「おもう」という意味がある。

では「念」はどんな「おもい」を表した字なのか。「念」の字は「今」と「心」からできている。「今」は「いま」「現在」という意味に用いられている。

だが「今」の字は、もとから「いま」を意味する字ではなかった。「今」は壺や瓶の蓋《ふた》の形をかたどった象形文字と考えられている。ところがこの字は、古今（むかしといま）・今昔（いまとむかし）の「いま」の意味に用いられるようになった。

「念」の「今」は、そのもとの意味、すなわち壺や瓶の蓋の意味で使われているとする説があり、その説によれば「念」は心に蓋をして、他人にもらさず自分ひとりで深く思うことを表しており、そこから「おもう」という意味になった。

129

「燃」

○ネン
●もえる、もやす

「灬」は「火」を意味するのに、なぜさらに「火」があるのか

中国の唐の時代の詩人、杜甫《とほ》の詩に「山青花欲然」（山は青く、花は然《も》えなんと欲す）という詩句があり、杜甫は「然」を「もえる」という意味で用いている。「もえる」といえば「燃」という字があり、「もえること」を意味するが、杜甫の詩の「然」は「燃」の間違いではない。じつは「然」は本来は「もえる」「もやす」という意味であった。

「然」は「月」と「犬」と「灬」から成る。その「月」は空に浮かぶ月のことではなく、「肉」を表したもので、「然」はもともとは犠牲《いけにえ》として供えられた犬の肉を焼くことを意味する字であった。そこから「もえる」「もやす」という意味になった。

ところが「然」はやがて「しかり」「しかるに」といった意味で使われることが多くなり、「然」からはしだいに「もえる」という意味が薄れていった。そこで「然」に「火」を加えた「燃」という字が新たに作られ、それが「もえる」という意味で用いられることになった。

130

「背」

○ハイ
●せ、そむく

「北」と「月」で、なぜ「せなか」を意味するのか

「背」は「北」という字を含んでいる。「北」は方角の「きた」の意味に用いられているが、それは「北」の本来の意味ではない。

「北」は2人の人間が背中を向けあっている姿をかたどった象形文字で、そこから「北」は「せなか」「そむく」という意味になり、また背を向けるところから、「(敵に背を向けて)逃げる」という意味になった。

「北」には方角の「きた」という意味もある。どうしてそんな意味になったのか。それについては次のような説がある。古代中国では王は儀式の際、南に向かって座った。すると王の背中は北を向くことになるので王が背中を向ける方向を「北」というようになった。

「北」はもともと「せなか(背中)」を意味していた。ところがやがて方角の「きた」の意味に用いられるようになったため、「北」に、身体の形や器官を表す「月」(にくづき)を加え、新たに「背」の字が創作され、それが「せなか」の意味に用いられるようになった。

131

「敗」

〇ハイ
●やぶれる

「やぶれる」ことと「貝」との関係は？

「貝」という漢字は子安貝《こやすがい》の形をかたどったものである。中国古代においては子安貝は貴重品であった。「やぶれる」ことを意味する「敗」にその「貝」が使われている。

「敗」は「貝」と「攵」から成り立っている。「敗」の字はもっとも古い文字である甲骨文字にすでに登場しており、甲骨文字では木の枝を手にもち貝（子安貝）を叩いているさまが書かれている。それが篆書では「敗」の形になった。「攴」は上部の「卜」が木の枝、下部の「又」が手に取ることを表しており、「攴」は木の枝を手に取り、「叩く」「打つ」ことを意味する。

現在使われている「敗」の字の「攵」は、「攴」の変形である。

「敗」という字は、もともとは子安貝を木の枝で叩くことを表した字であった。叩けばこわれてしまう。そこで「敗」は、「こわれる」「傷つける」「そこなう」という意味になり、さらに「やぶれる」「まける」という意味にも使われるようになった。

132

［売］

○バイ、マイ
●うる

なぜこの字が「うる」ことを意味するのか

売《う》ったり買《か》ったりすることを「売買」という。なぜ「売」の字は「うる」ことを意味し、「買」の字は「かう」ことを意味するのか。「買」は「貝」の字を含んでいるが、「売」ももともとの字は「貝」を含んでいた。「売」と「買」は、意味のうえでは逆の関係にあるが、字源のうえでも逆の関係の字であった。

「買」の上部の「罒」は網を意味する。「買」は貝を網で集める形であり、この字はもともと貝を買い集めることを意味していたのではないかと考えられている。

一方、「売」の字だが、この字はその字形からは意味が理解しにくい。それというのも「売」は略字だからである。

「売」のもとの字は「賣」である。そして「売」のさらに古い字形は「買」の上に「出」の字がついた形であった。「出」＋「買」＝買い集めた貝をだす、売りにだす。それが「売」(賣) のもともとの意味であった。

133

「発」

○ハツ、ホツ
●はじめる、おこる

なぜ「はじめる」「おこる」を意味するのか

現在、用いられている漢字のなかには、昔の字体を簡略化したものが少なくない。たとえば昔は「独」は「獨」、「献」は「獻」と書いていた。簡略化された字は書く上では便利だが、簡略化されたことで、字の成り立ち（字源）が字によってはひじょうに判断しにくくなっている。

「発」の字はその1つである。「発」は「起こる」「あらわれる」「でかける」などの意味があるが、それらの意味は「発」の字からなかなかわからない。

「発」は昔は「發」と書いていた。上部の「癶」は両足をそろえた形で、その下は「弓」と「殳」から成り、弓を射ていることを表している。

「発」（發）の字源については、一説に戦いに先立ち弓を放って開戦を知らせることを表した字だという。そこから「発」は「はじめる」「おこる」「でかける」などの意味に用いられるようになった。

134

「半」

○ハン
●なから、なかば

何を2つに分けるのか

半日・半分・半身などの熟語を構成している「半」は、「2つに分ける」「なかば」を意味する。その「半」はそもそもは何を2つに分けることを表した字なのか。「半」の字を見て、ある動物を表した漢字が連想されないだろうか。この「半」の字のなかには、じつはある動物がいる。その動物というのは牛である。

漢字の「牛」は、牛を正面から見た形をかたどった象形文字である。「半」は旧字では「牜」と書いていたが、「牜」のもとの字形（金文）では上部が「ハ」で下部が「牛」になっており、その「ハ」は数字の8の意味ではなく、両方（左右）に分けることを表した字である。

牛を解体するとき、その体を半分に切り分ける。それが「牜（半）」という字のもともとの意味である。のちに「牛」の意味が脱落し、「2つに分ける」「2分の1」「なかば」などの意味に用いられるようになった。

135

「犯」

○ハン
●おかす

なぜ「犭」偏なのか

犯人・犯罪などの「犯」は、「規則や法律などをやぶる」「してはならないことをする」などの意味に用いられており、「おかす」と訓読みする。本来はどんなことを表した字だったのか。

「犯」は「犭《けもの》」偏と「㔾」に分解することができる。「犭」は「犬」の字の変形で、犬や動物（獣）に関係したものを表す。「犯」の右側の「㔾」は、人が前向けにうつむいている姿をかたどった象形文字である。

では「犭」と「㔾」で、どうして「おかす」という意味になるのか。「犯」の字源については、犭（獣）のそばで、人が前方にうつむいている、すなわち獣にのしかかり、獣をおかしていることを表しているとする説がある。

獣をおかすことは古代においてはタブーとされていた。「犯」はもともとはタブーを「おかす」ことを意味していたという。のちに規則や法や罪を「おかす」という意味になった。

136

「肥」

○ヒ
●こえる

どのように「こえる」のか

現代の日本の社会では、肥《こ》えていること、肥満であることはよくないこととされている。「肥」は「こえる」「ふとる」ことを意味する字だが、「月」と「巴」で、どうして「ふとる」ことを意味するのか。

「肥」の左側の「月」は、いわゆる「にくづき」（肉月）で、「肉」を意味する。右側の「巴」は古い字形では、「卩」で、「卩」は人がひざまずいている形である。

したがって「肥」の字は、「肉」と「人がひざまずいている」ことからできていることになる。それがどうして「こえる」という意味になるのだろうか。

「肥」の左側の「月」は肉の意味で、この字そのものには「こえる」という意味はない。ということは、ひざまずくことで「こえる」ことを表していることになる。ひざまずくと、腿のあたりの肉がふくらんだ状態になる。「肥」はそのことを表しているという説がある。

そこで「こえる」「ふとる」という意味をもつことになる。

137

「美」

○ビ
●うつくしい

なぜ「羊《ひつじ》」なのか

「うつくしい」ことを意味する「美」の字のなかには、ある動物がいる。その動物が何かは「美」の字を見れば、すぐにわかるであろう。その動物は羊《ひつじ》である。

「美」の字は「羊」と「大」からできている。「羊」は羊の象形文字である。ただし羊の全身をかたどった字ではない。羊は角《つの》をもっている。「羊」の字は角を生やした頭部をかたどった象形文字である。「美」の「大」は、この字では「大きい」ことを表している。

その昔、中国では羊はお祭りの犠牲《いけにえ》としてよく用いられた。神に捧げる犠牲は、大きなものがいい。大きければ大きいほど神を喜ばせることになる。だから大きな羊、肥えた羊を神に捧げた。その犠牲として捧げた羊を表したのが「美」の字で、肥えて大きいところから、「立派である」「すぐれている」という意味になり、さらに「うつくしい」「うるわしい」といった意味が生まれたのである。

138 「鼻」

○ビ
●はな

なぜ「自」の字が使われているのか

「鼻」という字は「自」と「畀」に分けることができる（なお「鼻」の旧字は「鼻」で、下の部分の「廾」が「丌」である）。その「自」は自分・自身などの熟語では、「私」「本人」を意味しており、「みずから」「おのずから」といった訓読みをする。ではそうした意味をもっている「自」が、なぜ「はな」を意味する「鼻」の字に使われているのか。

「自」はもともとは鼻の象形文字である。人間の鼻を正面から見た形をかたどったもので、「自」は本来は「はな」を意味していた。それがのちに「本人」「おのれ」という意味に変化した。どうしてそうした意味になったのか。

「私は……」「自分は……」というとき、手の人差し指で自分の鼻を指したりする。そこから「はな」を意味していた「自」は「本人」「自分自身」を意味するようになった。そこで、「自」に発音を表す「畀」を加え、「はな」を意味する「鼻」という字が新たに作られた。

139 「匹」

○ヒキ、ヒツ
●ひき

なぜ動物を数える単位になったのか

ネコ、金魚、亀などの動物を数えるとき、「ネコ3匹」「金魚5匹」などと、「匹」を用いて数える。どうして「匹」なのか。

昔は馬も「匹」で数えた。『平家物語』に「馬三匹引かる。一匹に鞍置いたる」とある。日本だけではなく、中国でも馬は「匹」で数えた。「馬匹《ばひつ》」という漢語がある。それは馬のことだが、馬を「馬匹」と呼んだのは、馬を「1匹・2匹」と数えていたからである。

今は馬は「頭」で数えられているが、では昔はどうして「匹」で数えたのか。

「匹」の字は、一説に馬の尾の形をかたどった象形文字だという。また、左右に分かれている馬の尻の象形文字という説や、並んでいる馬の前脚と腹部の象形文字という説もある。「匹」はもともとは馬と関係のある字だったようである。だから馬を数えるのに、「匹」が用いられていたわけである。「匹」には「たぐい」「つれあい」という意味もある。

140 「氷」

○ヒョウ
●こおり

左上の「丶」は何なのか

水は面白い性質をもっている。水は酸素と水素から成る液体だが、摂氏0度以下になると氷になり、100度になると沸騰する。

漢字の上では「水」と「氷」の違いは、「丶」（点）があるかないかである。すなわち「氷」は「水」に「丶」を加えた形になっている。その「丶」は何なのか。

水が凝結した「こおり」は、古くは「人《ひと》」に似た字を重ねた「仌」の形に表されていた。それは水が凍ったとき、表面張力によってできるひきつったような形を表していると見られている。部首の1つに、「冫」（にすい）があり、「冷」や「凍」などの漢字を構成している。その「冫」は「仌」が変形したものである。

現在、用いられている「氷」のもとの字は、「水」と「冫」（にすい）から成る「冰」という形であった。「こおり」を意味する「冫」と「水」を組み合わせて、「冰《こおり》」としたわけである。その部首の「冫」が省略され、「丶」になったのが「氷」という字である。

141

［表］

○ヒョウ
●おもて、あらわす

もともと何の「おもて」を表した字なのか

ものにはたいてい「おもて」と「うら」がある。たとえば見分けがたい海苔《のり》にも、「おもて・うら」がある。漢字では「おもて」は「表」、「うら」は「裏」と書くが、それはもともと何の「おもて・うら」を表した字だったのか。

「表」のもとの字（篆文）では、「衣」を表す字のなかに、「毛」を表す字を含んだ形に書かれている。すなわち「表」は「衣」と「毛」から成る字で、「表」は一説に動物の毛皮で作った衣服を表しており、その毛皮の衣服では毛のあるほうが「おもて」になるので、「表」は「おもて」の意味になり、さらに「あらわす」という意味になった。

「裏」も衣服と関係がある。「裏」の上部の「亠」と下部の「衣」を合わせると「衣」になる。「裏」は「衣」と「里」から成る字で、「里《り》」が「裏《り》」の発音を受けもっている。またその「里《り》」の音が一説に「内側」を意味しているという。この説によれば「裏」は衣の内側を表しており、したがって外側＝「おもて」に対する「うら」を意味することになる。

142
〔猫〕

○ビョウ、ミョウ
●ねこ

なぜ「苗《なえ》」なのか

『源氏物語』にネコの鳴き声が「ねうねう」と表現されている。それがネコの鳴き声の最古の記述だが、昔の人々はネコの鳴き声をそのように聞きなしていた。「ねこ」という名は、鳴き声に由来するようである。

ネコは漢字では「猫」と書く。「苗」は植物の「なえ」を意味する字だが、なぜネコを表す字に「苗」が使われているのか。

北宋の陸佃《りくでん》の著作『埤雅《ひが》』（11世紀）に「鼠はよく苗《なえ》を害する。猫は鼠をよくとらえて、苗の害を取り除く。ゆえに、猫という字は苗という字に従うのである」とある。

これに対し、「猫」の「苗」はネコの鳴き声を表したものという説がある。「苗」はビョウ（ベウ）、またはミョウ（メウ）と発音する。それはネコの鳴き声とよく似ている。そこで「苗＝ビョウ・ミョウと鳴く獣」という意味から、「苗」の字を用いてネコを表したという説がある。陸佃の説よりは、この後者の説のほうが説得力がある。

143 ［貧］

○ヒン、ビン
●まずしい

字形がよく似た「貪」との意味の違いは？

「貧」に字形がよく似ている「貪」という字があり、うっかりして「びんぼう」を「貪乏」、「どんよく」を「貧欲」と書いたりすることがある。正しくは「貧乏」「貪欲」である。「貧」と「貪」は形は似ているものの、意味は異なる。字源を知っていれば、誤用を避けることができる。

「貧」の字は、「分」と「貝」からできている。「貝」は貝（子安貝）をかたどった象形文字である。古代中国では貝は貨幣としても用いられていたので、「貝」は貨幣や財宝などの意味をもつようになる。「分」は「八」と「刀」から成り、刀でものを2つにわけることを意味する。したがって「貧」は貝（＝財貨）をわけることを表しており、財貨をわければ少なくなるので、「まずしい」という意味になる。

「貪」は「今」と「貝」から成る。「今」は壺形の器や瓶などの蓋《ふた》の象形文字で、「貪」は財貨に蓋をしてためこむことを表しているという。そこから「むさぼる」の意味になった。

144
「父」
○フ
●ちち

この字がどうして「ちち」を意味するのか

女親のことを「はは」といい、漢字では「母」と書く。昔の中国人は「女」に乳房を加えることで「はは」を表した。「母」の字は「女」に2つの点を加えたもので、その2つの点は乳房を表している。「女」に乳房を加えることで、子を産み育てる女性を表現したわけである。

男親は「ちち」といい、漢字では「父」と書く。この字はいったい何を表したものなのか。「母」は女性なので、その字は「女」を含んでいる。だが「父」の字には男性を意味するような字は見えない。

「母」と「父」はどちらも甲骨文字に登場しており、「父」は甲骨文字では手に斧《おの》をもっている形に書かれている。その斧は木を切るための道具としての斧ではなく、人々を指揮する権力の象徴としての斧と考えられている。男親＝「ちち」は家においては家族を統率する存在である。そこで斧を表した「父」は「ちち」の意味に用いられるようになった。

145

「負」

○フ
●おう、まける

「おう」と「まける」の2つの意味をもつわけとは

「負」の字には、「おう」「背おう」という意味のほかに、「まける」「まかす」という意味もある。「まける」といえば、「敗」という字も「まける」ことを意味するが、同じ意味をもつ「負」と「敗」は、同じように「貝」の字を含んでいる。

「負」の上部のカタカナの「ク」に似た字は人を表している。「負」の字は「貝」の上に「人」がいる形になっているが、「負」は人が貝を背おっていることを表していると考えられている。そこから「おう」「背おう」という意味になった。

では「まける」という意味はどこからきたのか。

「負」の「貝」はふつう「ばい」と音読みされているが、古くは「はい」と音読みした。それが「背《はい》」（せなか、せを向ける、そむく）や「敗《はい》」（やぶれる、まける）に通じるところから、「貝」を含んだ「負」は「そむく」「まける」という意味になった。なお「負」の「ふ」という音読みは「貝」の「はい」が「ふ」に変わったもの。

146

［浮］

○フ
●うく、うかぶ

この字のなかの「子」は何をしているのか

「浮」は水面に何かが「うく」ことを意味する。空中にういている意味にも用いられるが、偏が「氵」（さんずい）であるところから、「浮」はもともと水や川などに関係した字であることが想像される。

「浮」の旧字は「浮」で、「孚《ふ》」が「浮」の字の音を成している。「孚」の上部の字は手を表している。「孚」は「子」の上に「手」が加えられている。それは何を意味しているのか。

古代の中国では生まれたばかりの子どもをいったん水に流したり、戸外に捨てたりすることが行なわれていたようである（「流」の字の項を参照。186ページ）。「浮」（浮）の字は「氵」と「孚」から成るが、この字は一説に水中に沈んだ子を上から手でつかんでいることを表しており、その子は生まれたときにいったん水に流された子を意味しているという。水中に沈んだ子をつかんで引き上げる。そこから「うく」「うかぶ」という意味が生じることになる。

147

「武」

○ブ、ム
●たけし

「戈《ほこ》」を「止《と》める」のが「武」？

「武」の字は「戈《ほこ》」と「止」からできている。「戈」は槍《やり》のような形をした武器。「止」には「とめる」「やめる」といった意味がある。そこで中国の春秋時代（紀元前770〜前403年）の歴史を記した『春秋左氏伝《しゅんじゅうさしでん》』に、「戈を止めるを武と為《な》す」とある。「武」は「戈」（武器・武力）を用いるのを「止める」ことを意味するというのである。『説文解字』は「武」の字源として、この文を引用しているが、その字源説には問題がある。

『春秋左氏伝』では、「止」を「とめる・やめる」という意味にとっている。「止」にはそうした意味があり、禁止・止血などの「止」は「とめる・やめる」という意味である。

「止」は足跡のかたちをかたどった象形文字である。足に力を入れて足跡をつける。そこから「止」は「とまる」という意味になったが、「止」には足跡→足から「進む」といった意味合いもあった。「武」の「止」はその意味である。「戈」（武器）をもって進む、戦いに行く。それが「武」の本来の意味である。

148
［舞］

○ブ
●まう、おどる

「無」の字と似ているのはなぜか

「まう」「おどる」ことを意味する「舞」の字は「ない」ことを意味する「無」の字と、部分的に似ている。それには何かわけがあるのだろうか。

「無」の字は、もっとも古い字形（甲骨文字）では、人が両手両足を広げて立ち、その両手（両袖《そで》）に飾りをつけた形に書かれている。それはいったい何を表しているのか。その人物は踊っているのである。その字形は飾りをつけて「まう」（舞う）人の姿であり、「無」はもともと「まう」（舞う）ことを意味する字であった。

「無」は本来、「ある・なし」の「なし」の意味はなかったが、一説に「無」の「ぶ」の音が「亡《ぼう》」と通じるところから、「無」の字はのちにもっぱら「なし」の意味に用いられるようになった。そこで、もともと「おどる」ことを意味する「無」と、左右の足を表す「舛」から、新たに「おどる」ことを意味する「舞」という字がつくられた。なお「舞」では「無」の下部の「灬」は省略されている。

149

［風］

○フウ、フ
●かぜ

この字はなぜ「虫」を含んでいるのか

ふだんはほとんど気にしないかもしれないが、「風」という字のなかには「虫」がいる。なぜ「虫」なのか。

「風」は「凡《はん》」と「虫」から成り、「凡」は発音を表す音符で、「凡」のなかの「丶」が「風」では「ノ」になっている。

「鳳《ほう》」という字がある。想像上の鳥である鳳凰《ほうおう》（おおとり）の「鳳」で、鳳がおおとりのオス、凰がメスである。古代中国ではその「鳳」という字が「かぜ」を意味していた。昔の中国人は鳳《おおとり》を風の神様とも考えていて、風はその鳳の羽ばたきによって生じると想像していたのである。のちに「鳳」は鳥としての鳳凰の意味になり、「鳳」のなかの「鳥」を虫に変え、「かぜ」を意味する「風」の字が新たに作られた。古くは風は鳥（鳳）が起こすと考えられていたが、それがのちに風は竜の姿をした神が起こすと考えられるようになった。そこで竜を含めた爬虫類を表す「虫」を用いて、「風」という字が作られた。

150
［福］

○フク
●さいわい、しあわせ

「畐」が意味するものとは

「福」の字を見ていると、気分がよくなってくる。それはこの字が「さいわい」「しあわせ」などを意味するからだが、「福」はどうしてそうした意味をもつのだろうか。

「福」はもともとは「福」と書いていた。左側の「示」（しめすへん）は、神を祭るときに用いる卓（机）の象形文字である。ちなみに「神」はもともと「神」と書いたが、その「示」も神を祭る卓のことである。「福」の右側の「畐」は、酒樽・酒壺のように腹部にふくらみのある容器の形をかたどった象形文字である。

「示」と「畐」、すなわち神を祭るのに用いる卓と、腹部にふくらみのある容器から成る「福」は一説に、神前に酒樽を供えて神を祭り、幸せを求めることを表した字であるという。

古代の人たちは神に供えたものを一族のあいだで分け、それを神とともに飲食することで神の幸《さいわ》いを受けることができると信じていた。神を祭り、幸いを求める。そこから「福」は「さいわい」「しあわせ」という意味になった。

151

［糞］

○フン
●くそ、うんこ

うんこは食べた「米」が異なったものなので「米」＋「異」＝「糞」？

肛門を通して体外に排出される食べ物の残りかすのことを「くそ」、「うんこ」といい、漢字では「糞」と書く。その「糞」の字は、「米」と「異」に分解することができる。

中国や日本では米《こめ》が主食になっている。米を食べると、それが腹のなかで消化され、やがて異なったものになって、肛門から排出される。つまりくそになって肛門からでてくる。そこで「米」と「異」から、「くそ」を意味する「糞」の字ができたのだろうか。そう思っている人もいるようだ。

「糞」の古い字形では、両手で塵《ちり》取りをもち、塵を取る形に書かれている。そこから「糞」の古い字形は、「掃除する」「不潔なものを払い除く」ということを意味していた。そして「くそ」の意味にも用いられるようになった。

のちに「糞」と書かれるようになるが、その「米」は「こめ」のことではなく、「塵《ちり》」を表した「采《はん》」の字が変形したものという説がある。

152

「文」

○ブン、モン
●あや、ふみ

もともとは何を表した字だったのか

文章・文化・文字などの「文」の字は、もっとも古い字である甲骨文字に見られる。甲骨文字では、人を正面から見た形（「」のような形）に書かれており、その胸の中央に「×」や「V」などの模様が加えられている。その模様は入れ墨と考えられている。

古代の中国には入れ墨の風習があり、誕生したとき、成人になったとき、また死亡したときなどに、体に入れ墨をほどこした。甲骨文字の「文」のその人間は、死んだ人と考えられている。人が亡くなると、死者の霊が死体からでていくのを防いで、復活するのを願って、胸にまじないの入れ墨をした。その入れ墨の模様は「×」「V」などで、入れ墨とはいっても、針で刺してする入れ墨ではなく、朱色などで一時的に描《か》いたものだった。

入れ墨のことを「文身」ともいう。胸に入れ墨をした人を表した「文」は、その入れ墨から、「美しい模様」「あや」の意味になり、さらに意味が広がって、「文字」「文章」などの意味に用いられるようになった。

153

［並］

○ヘイ
●ならぶ

そもそも何が「ならんでいる」のか

ならんで行くことを「並行」といい、列をなして横にならぶことを「並列」という。その「並」の字は、「ならぶ」こと、「ならべる」ことを意味し、「人が並ぶ」「木が並んで立っている」「チョコレートが並んでいる」などと用いるが、この字はそもそもは何が「ならんでいる」ことを表したものだったのだろうか。

「並」の字面からはそれがわかりにくい。「並」は旧字では「竝」と書いていたが、旧字だと、何が並んでいることを表した字であったかがわかる。

「並」の旧字の「竝」は、「立」と「立」から成る。「立」は「たつ」ことを意味するが、それは人が地面に両足をつけて立っている形であり、「竝」は左右に2人がならんで立っていることを表している。

「並」の字で、もともとならんでいたのは人であった。そこから「ならぶ」の意味に用いられることになる。

154
「別」

○ベツ
●わかれる

何が「わかれる」のか

「別」は「べつ」と音読みし、「わかれる」ことを意味する。わかれるといえば、男女のわかれをイメージする人がいるかもしれない。「別」の字は、もともと男女のわかれを表した字だったのだろうか。

そうではない。「別」の古い字形では、「別」の左側は「冎」という字形になっている。「冎」は「骨」という字の上部にも用いられているが、それは人の胸骨から上の骨の形をかたどった象形文字である。「別」の右側の「刂」は刀である。「別」は「冎」(另)と「刀」(＝刂)からできている字で、「冎」(人の胸骨から上の骨)の関節の部分を「刀」で切り離すことを表した字であった。

「別」を漢和辞典で引くと、その意味として、最初に「わける」「ばらばらにする」とあるはずである。骨の関節を刀で切り離すところから、そのような意味になったわけである。そして「別」はさらに「わかれる」という意味にも用いられることになる。

155

「勉」

○ベン
●つとめる、はげむ

その「免」は何を意味しているのか

「勉」の字は、勉強・勉学などの熟語によって、よく用いられている。その「勉」は「免」と「力」からできており、「力」は農具の鋤《すき》の象形文字で、「ちから」を意味する。では「免」は何を表したものなのか。

出産することを「分娩《ぶんべん》」という。その「娩」にも「免」の字がある。「娩」は出産することを意味する字だが、じつは「免」だけで出産を意味する。それは「免」が女性が股を開いて子どもを産んでいるさまをかたどった象形文字だからである。子どもを産む。子どもが母親の体から脱けでる。そこから「免」は、「ぬける」「脱する」という意味に使われるようになった。そこで「免」に「女」を加え、出産を意味する「娩」という字が作られた。

「免」と「力」から成る「勉」の「免」も、出産を意味する。出産の際、力《りき》む。ぐっと力を入れて子どもを産みだす。「勉」の字はそのことを表した字で、出産において力むことから、「つとめる」「はげむ」といった意味になったのである。

156

［歩］

○ホ、ブ
●あるく

「止まる」と「少ない」で、なぜ「あるく」なのか

「止」という字は、「とまる」ことを意味し、「少」という字は、「すくない」ことを意味する。その2つを組み合わせると、「あるく」ことを意味する「歩」の字になるが、「止」（とまる）という字を含んでいるのに、「歩」はなぜ「あるく」ことを意味するのか。「歩」の旧字は「步」で、下の部分が「少」ではなく、「少」で、旧字では右上の「丶」がない。

「歩」のもとの字（甲骨文字）では、足跡の形が2つ上下に並んでいて、その2つは左右逆向きになっており、左右の足を表している。左右の足跡を上下（前後）に描くことで、「あるく」ことを表したわけである。

「歩」（旧字は「步」）の「止」と「少」（少）は足跡の形からきており、一説に「止」が左足、「少」（少）が右足を表しているという。

「止」はもとは足跡の形で、足跡をつけるところから、「とまる」「とどまる」という意味に用いられるようになった。

157

［暮］

○ボ
●くれる、くらす

なぜ「日」（太陽）が2つもあるのか

太陽は漢字では「日」という字で表されている。「暮」という字をよく見ると、太陽を表す「日」が2つ使われている。われわれが住んでいる地球に光と熱をもたらしている太陽は1つである。それなのに「暮」には「日」（＝太陽）がなぜ2つあるのか。

「暮」は「莫」と「日」から成り、「日がくれる」「くらす」などの意味に用いられている。もともとは「莫」だけで、「日がくれること」「日ぐれ」を意味していた。

その「莫」は古代文字（甲骨文字）では「」の形に書かれていた。それは「艸《くさ》」（草）と「艸」とのあいだに「日」（太陽）が沈んでいる形であり、草むらのなかに太陽が沈んで見えなくなることから、「日がくれること」を意味していた。

ところが「莫」はのちに、「なし」「なかれ」といった意味に用いられるようになった。そこで「日ぐれ」を意味する字として「莫」にさらに「日」を加え、「暮」という字が作られた。その結果、「暮」は日（太陽）を2つもつというおかしなことになってしまった。

158
［飽］

○ホウ
●あきる

なぜ「食」＋「包」なのか

「あきる」ことを意味する「飽」は、「食」と「包」からできている。「食」は「たべる」ことを意味し、「包」は「つつむ」ことを意味するが、どうして「食」と「包」で、「あきる」ことを意味するのか。

「食」の古い字形（甲骨文字）では、器に食物を盛った形に、蓋《ふた》をした形に書かれていて、「食事」「食事をとる」ことを意味していた。「食」は今もその意味で用いられている。「飽」の右側の「包」は、ものを「つつむ」という意味に用いられているが、その字は妊娠した女性の腹のなかに胎児がいるさまを表した字で、もともとは「はらむ」ことを意味していた。「包」は旧字では「包」と書く。「勹」は人を横から見た形で、「巳」が胎児を表している。「はらむ」の意味から「包」は「つつむ」の意味になった。

「食」＋「包」、すなわち食事をとって、「はらむ」ように腹がふくらみ、満ち足りる。それを表したのが「飽」で、満ち足りるところから「あきる」という意味になった。

159

「魔」

○マ
●まもの

なぜ「麻」の字があるのか

魔力・悪魔・魔法などの「魔」の字は、「麻」と「鬼」からできている。「魔」には「人をまどわし害を与える鬼」「人間わざをこえたあやしい力・術」などの意味があるが、なぜ「鬼」に「麻」なのか。「麻」には植物のアサの意味がある。「麻」と「鬼」から成る「魔」は、麻《あさ》の布を着た鬼を表したものなのか。

「麻」は「ま」と音読みする。「麻」が「魔」の字に使われているのは「ま」という発音のためだけで、アサの意味はない。サンスクリット語（古代インド語）の「マーラ」を中国語で「魔羅」と音訳した。「マーラ」は人の生命を奪い、善事を妨げる邪悪な鬼神を意味する。その「マー」を音訳するために、「麻」と「鬼」から「魔」の字をつくったのである。

なお男性の陰茎のことを「まら」というのは、「魔羅《まら》」からきている。陰茎は善事の妨げとなるということから、僧侶のあいだで「まら」が陰茎を指す隠語として用いられ、やがて一般でも用いられるようになった。

160

「魅」

○ミ

●もののけ、ひきつける

なぜ「鬼」なのか

「魅」の字には、「人の心をひきつける」という意味があり、魅力・魅惑・魅了などの熟語を構成している。その「魅」は「鬼」と「未」からできているが、それがどうして「人の心をひきつける」ことを意味するのか。

魅力・魅惑などの言葉の意味からは、「魅」の字には男女のあいだでひきつけられるといったイメージがあるが、「魅」はもともとはもののけ（怪物）を意味する字であった。

「魑《ち》魅《み》魍《もう》魎《りょう》」という言葉がある。山や川にいて、人に危害を加えるとされる怪物をいったもので、さまざまな怪物の総称である。「魅」はもともとは「鬽」と書いていた。「彡」は毛髪や光などを示す字で、「鬽」では長い毛を意味しているという。すなわち「鬽」は長い毛をもった怪物を表した字であった。のちに「魅」と書かれるようになり、「未」はこの字の発音を成している。「魅」（鬽）は人を惑わし、危害を加える怪物として恐れられた。そこから「人の心をひきつけまどわす」という意味に用いられることになる。

161 「民」

○ミン
●たみ、ひと

なぜこの字は「一般の人々」を意味するのか

人民・民衆などの「民」は、「たみ」すなわち「ふつうの人々」「一般の人々」を意味するが、この「民」の字は字源的にいえば、たいへん恐ろしい字である。

「民」の字のなかには、「目」がある。「民」の「𠃜」の部分が、「目」を表している。そして「弋」は矢あるいは針のようなものを表している。では「𠃜」と「弋」から成る「民」は何を表しているのか。

「民」の古い字形（金文）を見ると、「民」が表していることがらがよくわかる。金文では「民」は「」のように書かれている。それは目を針で刺されたさまを表していると考えられている。目を針で刺されたら、目がつぶれ視力を失ってしまう。「民」とはもともとは目を突き刺されて視力を失った者のことで、古代中国においては神への奉仕者として、神に捧げられたという。のちに「民」はその意味が拡張されて、特別なことのない一般の人々をいうようになった。

162 ［眠］

○ミン
●ねむる

なぜ「民」の字が使われているのか

睡眠・休眠・安眠の「眠」は、「ねむる」ことを意味する。眠るときには目をとじる。だからねむることを意味する「眠」が「目」の字を含んでいるのは納得できる。ではなぜ「民」なのか。ねむることを表す字に、どうして「民」が使われているのか。

「瞑」という字があり、「目をとじる」「ねむる」ことを意味する。またこの字は「くらい」「くらくてよく見えない」という意味にも用いられる。

「瞑」が「ねむる」ことを意味する本来の字で、「眠」はその俗字である。「瞑」は「めい」「めん」「みん」などと発音するが、その「みん」の音から、「瞑」の音符の「冥」が「民」に変わり、「眠」と書くようになったようである。「眠」の字では、「民」は音だけでなく、意味も表しているという。「民」は目を針で刺した形の象形文字で、目をつぶされた者（奴隷）を意味する字であった。目をつぶされ視力を失った状態はねむっている状態に似ているので、「目」＋「民」＝「眠」は「ねむる」ことを意味することになる。

163 「夢」

○ム
●ゆめ

それはどんな「ゆめ」なのか

眠っているあいだに、いろんなことを見たり、経験したりしたように感じる現象を「ゆめ」といい、漢字では「夢」と書く。

「夢」のもともとの字は甲骨文字に見られるが、甲骨文字では「夢」は寝台の上に角のようなものをつけた人間が寝ている形に書かれている。その角状のものは敵方の巫女《みこ》を示すマークと考えられている。古代においては、各国に呪術を行なう巫女がいて、戦争のときなど、頭に角状のものをつけ、相手の国に対して呪いをかけたという。その呪いによって相手は悪夢を見ることになる。甲骨文字の古い字形（寝台の上に角状のものをつけて寝ている人間の形）は、相手国の巫女によって呪いをかけられていることを表したもので、その結果、その人間は何らかの映像、すなわち「夢」を見ることになる。

「亡くなる」ことを意味する「薨《こう》」という字があり、「夢」と「死」から成る。巫女がかけた呪いによる悪夢にうなされ、死んでしまう。それを表したのが「薨」という字である。

164

［猛］

○モウ
●たけし

なぜ「皿」の上に「子」がいるのか

「猛」の字を見ていると、その背後にダイナミックな動きがイメージされる。それはこの字が「荒々しく強い」「たけだけしい」「はげしい」という意味をもっているからだが、この字にはどうしてそうした意味があるのか。

「猛」は「犭」（けものへん）と「孟」から成り、「猛」の字では「犭」は犬を意味している。「猛」の右側の「孟」は「皿」の上に「子」がのっている形になっているが、その「皿」は食器の皿ではなく、盤《ばん》（水を張って使う器）＝たらいを意味しており、「孟」は生まれた子がたらいで産湯《うぶゆ》につかっているさまを表しているという説がある。産湯につかるのは生まれて最初の儀式なので、「孟」は「はじめ」「はじめの子」を意味し、さらに「長男」「長女」の意味になり、「大きい」「強い」「はげしい」などの意味にもなった。

「猛」では「孟」は「はげしい」ことを意味しており、「猛」はもともとは気性のはげしい犬を表した字であった。

165

「黙」

○モク、ボク
●だまる

なぜ「犬」がいるのか

声をださないで読むことをいう「黙読」、だまったまま隠し通すことをいう「黙秘」などの熟語を成している「黙」には、「だまっている」「無言である」という意味があるが、この字はどうして「犬」の字を含んでいるのだろうか。

『説文解字』は「黙」の字について、「犬がこっそり人を追う」ことを表した字だという。こっそり追うことから、「だまる」という意味になったというわけである。

これに対し、「黙」の「犬」は犠牲《いけにえ》の犬とする説がある。その昔、中国では人が亡くなったとき、犬を犠牲として埋め喪《も》に服することが行なわれていたようである。そして喪に服しているあいだは、ものを言うのはタブーとされていたという。

「黙」は「黒」が発音を表している。またその音は「墨《ぼく》」に通じ、「墨」には「だまる」という意味があるが、「黙」の字は犬を犠牲として埋め喪に服し、ものを言わずにいることを表した字だという。

166

「役」

○ヤク、エキ
●しごと、いくさ

なぜ「しごと」のほかに「いくさ」の意味があるのか

関ヶ原の合戦、島原の乱、本能寺の変、弘安の役《えき》というように、戦いをその規模や内容によって、「合戦」「乱」「変」「役」などと表現する。「合戦」「乱」「変」はその字から意味はだいたいわかるが、「役」のほうは戦いとはなかなか結びつかない。「役」から連想されるのは「役所」や「役職」や「役割」などで、その「役」は「しごと」「つとめ」を意味するが、「役」にはどうして「戦い」「いくさ」の意味もあるのか。

「役」は漢音では「えき」、呉音では「やく」と発音する。「彳」と「殳」からできており、「彳」は道路の形である。「行」という字がある。この字は道路が十字に交わっているさまを表したもので、「彳」はその省略形（「行」の左半分）であり、「行く」ことを意味する。「役」の右側の「殳」は武器を手にしている形である。「彳」＋「殳」＝「役」は、武器を手にして辺境の守備におもむくこと（すなわち兵役につくこと）を表していると考えられている。そこから「戦い」「役目」「しごと」などを意味するようになった。

167

「友」

○ユウ
●とも

どうしてこの字が「とも」を意味するのか

漢字の「友」は、「とも」「ともだち」を意味する。「ともだち」とは、ある国語辞典によれば、「対等の立場で、親しくつきあっている人」のことだが、「友」の字はどうして「ともだち」を意味するのだろうか。

「友」の字は最古の文字である甲骨文字にすでに登場している。「友」の古い字形、すなわち甲骨文字では「手」を表した「」が2つ、横並びに書かれている。「友」の字では、一方の「」が「ナ」、他方の「」が「又」になっている。

なぜ「手」が2つなのか。「友」の古い字形は、「手」を2つ並べることで、手を取って助け合うことを表していたのである。そこから助け合う関係、すなわち「とも」の意味に用いられることになるが、甲骨文字では「」+「」のその漢字は、「同僚」という意味に用いられており、「ともだち」という意味ではまだ用いられてはいなかったようである。

168 ［要］

○ヨウ
●かなめ

なぜ「女」なのか

「要」は旧字では「要」と書いていた。そこで漢和辞典では「襾」（かなめのかしら）の部に分類されている。「要」には「かなめ」「たいせつなところ」などの意味があり、要人・主要・重要など多くの熟語を構成しているが、どうして「女」なのか。

「要」の上部は腰（腰骨）を表している。「要」の古い字形（篆文）では、下部がアルファベットのUを逆にしたような形になっている。それは腰の下にある人の両足を表している。それが楷書では「女」になった。下部を「女」にしたのは、女性のほうが腰の骨（骨盤）がよく発達していることによるという説がある。

「要」はもともとは「腰」を意味する字であった。腰は人体のなかでもっとも大切な部分である。そこから、本来は「腰」を意味していた「要」は、「かなめ」の意味に用いられるようになった。そこで「こし」を意味する字として、「要」に、体の一部分を指す「月」（にくづき）を加えた「腰」が作られた。

169

［来］

○ライ
●くる

この字にはなぜ「くる」という意味があるのか

「くる」ことを意味する「来」という字があり、今年の次にくる年を「来年」といい、外国人が日本にやってくることを「来日」という。その「来」にはどうして「くる」という意味があるのだろうか。

「来」はもともと「くる」という意味はもっていなかった。「来」のもとの字は「來」で、それは本来は穂をつけた麦《むぎ》の形をかたどった象形文字であった。それを略したのが「来」だが、その発音が、「くる」ことを表す動詞の音と同じであったことから、「くる」という意味の字として用いられることになった。

「麦」を意味していた「來」が、別の意味に用いられるようになったため、「來」の下に「夊」（すいにょう）を加えた「麥」が、「麦」を意味する字として新たに作られた。今、使われている「麦」の字は「麥」を略したものである。「麥」の下部の「夊」は人の足の形である。それは麦の根の張りをよくする麦踏みを表していると考えられている。

170

［雷］

○ライ
●かみなり

田んぼに雨を降らせるから「雨」＋「田」＝「雷」？

雷は雲と雲、あるいは雲と地表のあいだで起こる放電現象だが、昔の日本人は雷は神（雷神）のしわざと考え、その雷鳴を神の立てる音とした。「かみなり」は「神鳴り」という意味で、その言葉はそこからきている。

かみなりは漢字では「雷」と書き、それを分解すると「雨」と「田」になる。雷は音や光とともに雨をともなうことが多い。雷鳴が響きわたると、やがて雨が降ってくる。雨は田んぼにも降り、作物が育つ。そこで「雨」と「田」から「雷」の字ができたのだろうか。

「雷」の古い字形（金文）では、「雨」の下に「田」が4つ、「⿱雨𤳳」のように書かれたものがある。その「田」は四角ではなく、「⊕」のように丸形だが、その4つの「田」は雷光（稲妻）が放射しているさま、あるいは雷鳴が連なって鳴るさまを表しているなどの説がある。それがのちに篆文では「田」が3つになり、「靁」という字になった。そしてその3つの「田」が略されて1つになったのが「雷」の字である。

171 ［流］

〇リュウ、ル
●ながれる

何が「ながれる」ことを表した字なのか

「流氷」「海流」などの熟語を構成している「流」という字は、「ながれる」ことを意味する。では「流」はもともとは何がながれることを表した字だったのだろうか。

「流」の「氵」（さんずい）は、水の流れをかたどったもので、水や川や液体などの意味を表す。「流」の右側の「㐬」については、その上部の「𠫓」は「子」を天地逆にした形で、「㐬」は逆にした「子」＝子どもの頭から髪が伸びているさまを表しているという説がある。

その説によれば、「流」という字は、子どもを水に流すことを表したものだという。古代中国では生まれたばかりの子どもをいったん水に流すということが行なわれていたようである（「浮」の字の項を参照、161ページ）。「流」はその習慣から生まれた字だという。

また古代中国では生まれた子を戸外（道路や森林）に捨てるということも行なわれていた。「棄」という字があり、「すてる」ことを意味するが、この字も「𠫓」（＝「子」の逆の形）を含んでおり、「棄」は古代のその習慣に由来する。

172

［旅］

○リョ
●たび

どうして「たび」を意味するのか

「旅」を漢和辞典で引いてみると、この字は「方」の部に分類されている。だが「旅」は「方」を部首とする字ではない。それは「旗」「族」「旋」などの字でも同様である。「旅」「旗」「族」「旋」の字は、同じ「方」という字を含んでおり、また右上の「𠂉」の字でも共通する。じつは「方」と「𠂉」はセットのもので、「㫃」の部分が4つの字では同じである。すなわち「旅」は「㫃」と「从」からできている字で、「从」は楷書体では「𧘇」となった。その「㫃」は吹き流しのついた旗をかたどったもので、「从」は人が2人並んでいる形で、「旅」の字ではその2人は多数の人を意味している。

その旗は軍旗である。兵士たちが旗を先頭に行進している。「旅」の字は、そのことを表していると考えられている。「旅」はもともと軍隊の編成の単位として用いられていて、周代の軍制では兵士500人の隊を「一旅」とした。のちに「旅」は軍隊の移動から転じ、「たび・旅行」の意味になった。

Column

「女」と「男」の漢字トリビア

おんなを意味する「女」、おとこを意味する「男」。その2人が一緒になった「娚」という字があり、「なん」と音読みする。ではその意味は？「娚」はぺちゃくちゃとしゃべることを意味する。

2人の「女」が横に並ぶと「奻」という字になる。この字は「なん・だん」と音読みし、がやがやとやかましく口争いすることを意味するが、2人の男が横に並んだ「⿰男男」という字もあり、この字は「せん」と音読みし、双子を意味する。

3人の「女」から成る「姦」は、「かん」と音読みし、みだらであることを意味する。ところがわが国ではかしましいという意味にも用いられており、「女三人寄れば姦《かしま》しい」などという。3人の「男」から成る「⿱男⿰男男」という字もある。ただしそれは日本製の漢字、すなわち国字である。「⿱男⿰男男」はたばかる（相談する、あざむく）ことを意味する。3人の「男」が集まり、よからぬことを相談する。そんなイメージで作られたのだろう。

「嬲」という字があり、「女」が2人の「男」にはさまれている。この字は「じょう」と音読みし、なぶる（もてあそぶ）ことを意味する。「男」が2人の女にはさまれた「嫐」という字もある。こちらは「どう」と音読みし、「嬲」と同じ意味なのだが、わが国ではうわなり（後妻）の意味にも用いられている。

「⿱⿰男男女」「⿱女⿰男男」という字もあり、どちらも「よう」と音読みするが、意味は未詳である。

『説文解字』について

本文で、いくつかの漢字について、許慎《きょしん》の『説文解字』の解釈を引用している。『説文解字』は後漢の和帝の永元12年（西暦でいえば紀元100年）に成立した中国最古の字書で、9353字の漢字を取りあげ、540の部首に分け、象形《しょうけい》・指事《しじ》・会意《かいい》・形声《けいせい》・転注《てんちゅう》・仮借《かしゃ》という漢字の作り方の6つの原理（それを六書《りくしょ》という）によって分析し、漢字の成り立ちと、漢字の本来の意味を解説している。

『説文解字』は長いあいだ文字学の聖典とされてきた。だが許慎の解釈には誤りがあることが指摘されている。『説文解字』の著者である許慎が生きていた時代、漢字のもっとも古い字形の甲骨文字はまだ発見されていなかった。

許慎は秦の始皇帝が定めた小篆（篆書）の書体をもとに『説文解字』を著している。それ以前の甲骨文字や金文などの古代文字を許慎は目にできなかった。古代文字と小篆では、漢字によってはかなり変化している。だから小篆だけを基準にしていると、解釈を誤ってしまう。『説文解字』には誤りがけっこう見られるが、誤りがあるとはいえ、この字書は今でも漢字研究にとって重要な資料となっている。

漢字の起源的な形体とその意味を明らかにした字源の字書『字統』（白川静著）には、それぞれの字において『説文解字』が引用されており、『全訳漢辞海』（三省堂）には『説文解字』が現代語訳で掲載されている。

参考文献

『大漢和辞典』（諸橋轍次著　大修館書店）
『角川大字源』（尾崎雄二郎他編　角川書店）
『大漢語林』（鎌田正・米山寅太郎著　大修館書店）
『現代漢語例解辞典』（林大監修　小学館）
『新潮日本語漢字辞典』（新潮社編　新潮社）
『字統』（白川静著　平凡社）
『常用字解』（白川静著　平凡社）
『甲骨文の世界』（白川静著　東洋文庫）
『金文の世界』（白川静著　東洋文庫）
『漢字』（白川静著　岩波新書）
『文字逍遥』（白川静著　平凡社ライブラリー）
『文字遊心』（白川静著　平凡社ライブラリー）
『中国古代の民俗』（白川静著　講談社学術文庫）
『漢字学「説文解字」の世界』（阿辻哲次著　東海大学出版会）
『漢字の字源』（阿辻哲次著　講談社現代新書）
『漢字の知恵』（阿辻哲次著　ちくま新書）
『漢字道楽』（阿辻哲次著　講談社選書メチエ）
『漢字逍遙』（阿辻哲次著　角川ｏｎｅテーマ）
『部首のはなし』『部首のはなし2』（阿辻哲次著　中公新書）
『甲骨文字小字典』（落合淳思著　筑摩選書）
『甲骨文字の読み方』（落合淳思著　講談社現代新書）
『角川字源辞典』（加藤常賢他著　角川書店）
『漢字の発掘』（加藤常賢著　角川選書）
『漢字の語源』（山田勝美著　角川書店）
『字源物語』『続字源物語』（加藤道理著　明治書院）
『漢字語源辞典』（藤堂明保著　学燈社）
『漢字の話　上・下』（藤堂明保著　朝日選書）
『漢字の成立ち辞典』（加納喜光著　東京堂出版）
『漢字類編』（白川静監修　小林博編著　木耳社）
『漢字の知恵』（遠藤哲夫著　講談社現代新書）
『日本の漢字』（笹原宏之著　岩波新書）
『説文解字』（許慎著　中華書局）

イースト新書Q

Q044

字源《じげん》の謎《なぞ》を解《と》く

北嶋廣敏《きたじまひろとし》

2018年5月20日　初版第1刷発行

編集　藁谷浩一
編集協力　蔭山敬吾（グレイスランド）、冨山恭子
本文DTP　松井和彌
発行人　北畠夏影
発行所　株式会社イースト・プレス
東京都千代田区神田神保町2-4-7
久月神田ビル　〒101-0051
Tel.03-5213-4700　fax.03-5213-4701
http://www.eastpress.co.jp/
ブックデザイン　福田和雄（FUKUDA DESIGN）
印刷所　中央精版印刷株式会社

ISBN978-4-7816-8044-6

イースト新書Q

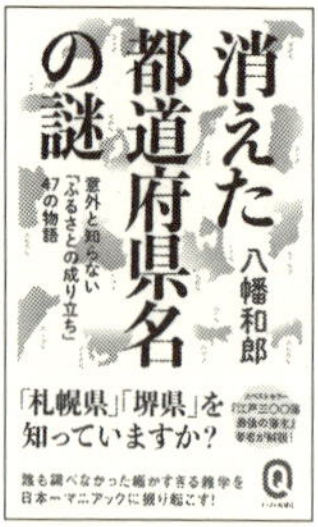

消えた都道府県名の謎　八幡和郎

いまや一般常識となっている47都道府県。地図を見ていると、県名と県庁所在地名が違う県や、各地域が独立しているように見える県など、不思議に感じる点が多々あるが、その背景には明治維新の激動で「消えた府県」の存在があった。公式記録に残っていない幻の県、設置1カ月で消えた県、県庁が半年ごとに変わった県、消滅を繰り返した県、飛び地だらけだった県など、都道府県にまつわる雑学をベストセラー作家が完全網羅。

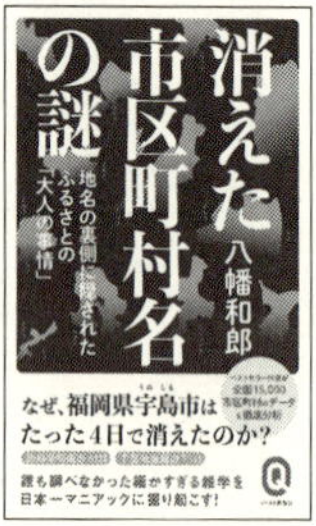

消えた市区町村名の謎　八幡和郎

現在、日本には1718の市町村がある。しかし、現在の市町村の枠組みがスタートした明治中期には、約15000もの市町村があった。明治、昭和、平成の大合併を経る過程で、各地で賛否両論があり、その名は場当たり的な「大人の事情」によって決定づけられていく。たった4日で消滅した市、合併で村に〝降格〟されてしまった町、藩の中心だったのに合併されてしまった市町村など、市区町村名にまつわる雑学をベストセラー作家が完全網羅。

日本の神様と神社の謎99　かみゆ歴史編集部

初詣、縁日、合格祈願などで訪れることがある神社は、現代の日本人にとっても身近な存在。そこには『古事記』『日本書紀』に登場する神様をはじめ、インドや中国から伝わった神様、はたまた戦国武将まで、八百万といわれる神々たちがまつられています。本書では「そもそも神様と仏様の違いは?」「なぜお稲荷さまはあちこちにあるの?」「菅原道真はなぜ天神さまと呼ばれている?」など素朴な疑問から魅力的で興味深い神々の世界をご案内します。